JN270254

事例でわかる

Marketing Strategy

実戦
顧客倍増
マーケティング戦略

佐藤義典 MBA&中小企業診断士

日本能率協会マネジメントセンター

はじめに：「増客バケツ」に穴は空いていないか？

　今はお客様を増やすことが難しい時代です。人口も増えていませんから、何もしなければお客様はどんどん減っていくのが必定。

　厳しい環境の中、多くの方がお客様を増やすために頑張っていらっしゃいますが、なかなか成果も出にくいものです。

　その大きな理由の1つが**「打ち手のモレ」**です。バケツに穴が空いていると、どれだけ水を注いでも、どんどん穴からモレていってしまいます。

　バケツなら穴の場所は見ればわかりますが、経営の「バケツの穴」は見えません。**本書は、「打ち手のモレ」を、「数値化」などで検証しながらお客様を増やしていくための「マインドフロー」**という手法を紹介する本です。

　難しそうですが（実際簡単ではありませんが）、実は極めて単純な手法です。

　消費者向け商品でも企業向けサービスでも、お客様はあなたの商品・サービスを「知って、買って、使って、ファンになる」のです。このお客様の考える順番に合わせて考えていくことで、「打ち手のモレ」を減らし、顧客の増加・売上向上につなげることができます。

　企業向けサービスならお客様を「固定客」にする確率を高めることができますし、消費者向け商品なら文字通りお客様を「ファン」にしやすくなるのです。

　そして、「知って、買って、使って、ファンになる」という一連のプロセスは、それぞれ「数字」で把握することができます。

認知率、購買率、利用率などを把握することで、課題を数値で検証できるのです。

　本書の最終目標は、お客様が「ファン」になるまでの網羅的な「打ち手」である「増客設計図」を描くことです。「増客設計図」は、まさに「お客様をファンにするための設計図」です。

　マインドフローは、お客様は「知って、買って、使って、ファンになる」という当たり前の原則に基づいた考え方ですから、その考え方は非常に単純です。そのため、マーケティングに詳しくない方にも、今すぐお使いいただけます。同時に、数値で検証できますから、上司やお客様と話す際にも客観的な説得力を持つことができます。

　本書をお読みいただいて特に意味がありそうな読者さんは、まずは**「すぐに成果を出したい実務家」**の方です。マーケティング・営業・商品開発のご担当者さん、起業家・小規模企業の経営者さんなどです。もう1つは、**コンサルタント**系の方です。経営コンサルタントさんはもちろん、顧客企業に経営アドバイスを行う、税理士・銀行員の方々、広告代理店・ウェブ制作会社の方々などです。

　本書で紹介する「マインドフロー」は、成果を出すという意味で、極めて強力な手法です。一緒に考えていきませんか？

実戦　顧客倍増マーケティング戦略◎目次

はじめに：「増客バケツ」に穴は空いていないか？ …3

序章

お客様は「知って、買って、使って、ファンになる」

1 打ち手が成果を生むようになる「ファン化のプロセス」 …18

（1）BtoCでもBtoBでも、「ファン作り」がビジネスの目的 …18

ビジネスの目的はBtoCでもBtoBでも「ファン作り」 …18

（2）ファン化のプロセス …20

BtoC・BtoBに共通する「ファン化のプロセス」 …20

（3）打ち手の「モレ」と「ムダ」を減らそう …21

バケツに水を貯めるには、まずバケツの穴をふさごう …21

「良いものを作りさえすれば売れる」という間違い …22

（4）増客設計図：ファン化のプロセス×4P …24

打ち手としての「4P」：売り物・売り方・売り場・売り値 …24

増客設計図：ファン化のプロセス×4P …26

コラム　「結婚」のマインドフロー …30

第1章

理論の章
打ち手の「モレ」「ムダ」をふさいで成果を出そう

1 マインドフローとは：お客様がファンになるまでの7つの関門 …32

（1）お客様がファンになるまでの7つの関門 …32

マインドフロー：認知、興味、行動、比較、購買、利用、愛情という7つの関門 …32

お客様がどこで「止まっている」かによって、打ち手が変わる …34

顧客ターゲットを決めた上で、自社商品・サービスの「関門」を考えてみよう …34

認知：知らなければ何も始まらない …36

興味：ニーズを感じなければ知っていても無視される …36

行動：「頭」で考えた後には「体」が動く …37

比較：競合に負けたらそこで終わり …39

購買：買いたいと思っても買わないこともある …40

利用：買っても使うとは限らない。使えて初めて価値を感じる …41

愛情：満足しても、「忘れる」こともある …42

（2）潜在顧客がファンへと育つまでの切れ目のない「顧客の物語」…43

マインドフローは、潜在顧客がファンへと育っていく切れ目のないプロセスの描写 …43

顧客を「具体化」することで、「物語」がリアルになる …44

ビジネスによって、7つの関門は変わる …45

BtoCの例：初めてペットボトルの飲料を買う場合 …46

BtoBの例：ペットボトルの飲料メーカーが
香料を買う場合 …48

BtoBtoC：「中間のB」と「最後のC」は
それぞれにマインドフローを考える …51

（3）前半では「売り方」が、後半では「売り物」が重要 …55

買う前に大事なのは
「良い」ことではなく「良さそう」なこと …55

買った後に「リピートを促すのは『売り物』」 …56

コラム AIDMAとマインドフロー …58

2 打ち手の「モレ」と「ムダ」を最小化するマインドフロー …59

（1）打ち手の「モレ」：バケツから水がモレていないか？ …59

マインドフローを使わないと何が起きるか …59

打ち手のモレ：バケツに穴が空いていないか？ …60

打ち手の「モレ」が起きる理由：
考え方が体系的でない …62

顧客の「障害」を除去することで「モレ」が減る …64

（2）打ち手の「ムダ」：家の中で傘をさしていないか？ …64

打ち手のムダ：家の中で傘をさしていないか？ …64

打ち手のムダが起きる理由：数値化していない …66

（3）マインドフローで「モレ」と「ムダ」を減らそう …66

モレもムダも、根本原因は同じ …66

「技術」や「商品力」に自信があるほど、
「知らせる」ことを怠りがちになる …67

マーケティングは「確率論」。
計算ずくで確率を上げよう …68

3 お客様がファンになるまでの「顧客の物語」を描こう …68

（1）「ファン化のプロセス」は、切れ目のない「顧客の物語」 …69

関門の定義の前に、「顧客の物語」を作ろう …69

「顧客の物語」の例：
私がラーメン店「一蘭」に通うようになった物語 …71

「顧客の物語」は、自社には見えない …72

物語を知っているのはお客様：
「顧客の物語」をお客様にヒアリングしよう …74

(2) 「顧客の物語」をマインドフローの関門に落とし込もう …76

「顧客の物語」からマインドフローを作ろう …76

「顧客の物語」は色々と存在する …78

(3) 顧客によって「物語」が変わる …79

顧客によって「物語」が変わる：
「物語」によるセグメンテーション …79

マインドフローを考える前に、顧客像を定義しよう …80

最初にすべきことは顧客像の具体化 …82

4 「戦略」とマインドフロー …84

戦略の5つの要素、「戦略BASiCS」…84

(1) C：顧客　自社の強みを選ぶのはどんな人か？ …86

(2) B：戦場・競合
顧客にとっての自社以外の代替選択肢は？ …87

競合は「自社以外の代替選択肢」、戦場は「ニーズ」…87

自社は何屋か？ …88

(3) S：強み
お客様が競合ではなく自社を選ぶ理由は何か？ …89

強みは競合との嬉しさの差 …89

強みは「誰にとって？」「誰と比べて？」…90

(4) A：独自資源
「強み」が競合にマネできない理由は何か？ …90

独自資源は「強みが競合にマネできない理由」…90

(5) Sm：メッセージ　顧客・社内に強みをどう伝えるか？ …92

社内と顧客に伝わって初めて戦略の成果が出る …92

「強み」を伝えるメッセージ …92

(6) 戦略BASiCSとマインドフロー …93

戦略を「顧客の物語」として打ち手に落とす
マインドフロー …93

コラム 文化祭の展示に入ってくれない！ …95

第2章

数値化の章

マーケティング課題を数値化して、課題解決しよう

1 課題の「切り分け」を可能にするマインドフロー …98

(1) お客様視点での課題の「切り分け」…98

お客様視点での課題の「切り分け」を可能にする
マインドフロー …98

ICタグを使った「売れない服」分析 …99

(2) 課題の切り分けの切り札：マインドフロー×4P …100

マインドフロー×4Pで、「お客様」と「自社」の
両方の視点で課題の切り分けができる …100

2 数値化による課題分析と解決 …102

(1) マインドフローは数値化できる：
7関門のどこで止まっているのか？ …102

課題の「数値化」を可能にするマインドフロー …102

顧客数は、上（認知）→下（愛情）へと進むにつれ、
減っていく …104

通過率が低い関門が課題関門 …106

競合と通過率を比較してみよう …107

単純な数値を比較するだけで、大きな知見が得られる …109

打ち手は「下の関門」から実行していく …110

（2）「課題関門」に打ち手を集中させると、
投資対効果が高まる …111

「課題関門」に打ち手を集中し
「モレ」「ムダ」を減らそう …111

課題を「数値化」するメリット …112

コラム AさんはできるけどBさんはできない、はなぜ起きる？ …115

3 数値化の方法と事例 …116

（1）顧客像の具体化と顧客数の推定 …116

まずは顧客像を具体化しよう …116

顧客の人数を推定しよう …117

「延べ人数」ではなく純粋な人数を定義する …118

「認知」→「愛情」の通過時間をおさえておこう …118

（2）「数値化」できるように関門を定義する …119

「関門」を定義するときに、
「数値化」できるような形式で定義する …119

認知関門の数字が低すぎる場合は、
顧客の定義を再確認しよう …121

（3）数字を得る「仕組み」を作る …122

「定点観測」をするために、
通常業務の中で数字が得られる「仕組み」を作ろう …122

「早期警戒システム」としての
「レーダー」の役割を果たす …123

社内に存在する数値をフル活用しよう …124

公開データをフル活用しよう …126

（4）数値化と調査方法の事例：シルク・ドゥ・ソレイユ …127

マインドフローの数値化事例：
シルク・ドゥ・ソレイユ …127

調査の基本用語 …128

「認知」→「利用」関門までの数値化 …131

「愛情」関門の数値化 …136

数字の「解釈」をしよう …139

「打ち手」を考えよう …141

マインドフローは具体的な「打ち手」に落ちる …144

「愛情」関門が低いのは解決すべき課題 …144

打ち手を打ったら、再度数値を確認して、
打ち手の効果を確認しよう …145

コラム
マインドフローは「インスタントコンサルティングツール」 …145

第3章 実行の章
打ち手の「急所」 モレをふせぐマインドフロー

1 打ち手の急所に集中して効果的に手を打とう …148

(1) 増客設計図をタテヨコ漏らさず考えよう …148

全ての打ち手は「増客設計図」に通ず …148

打ち手の「急所」を探し、集中的に手を打つ …149

ヨコの4P、タテのマインドフロー …150

2 売り物の最適化:商品開発とマインドフロー …152

(1) 認知・興味・行動:
「売り物」に知らせる仕掛けを組み込もう …152

製品自体に「認知」「興味」の仕組みを持たせる …153

他人が使っているのを見てカッコイイと思うデザイン …154

(2) **比較・購買関門：強みがある「売り物」を作ろう** …154
　　「比較」関門を越えるためには、「強み」を作る …154
　　「購買」関門を越える「買いやすさ」…155
(3) **利用関門** …156
　　操作性を高める …156
　　製品自体に「使い方」を組み込む …157
　　理想は「取扱説明書が不要」なこと …158
(4) **愛情関門** …159
　　「強み」が明確で、「強み」が競合にマネされなければ、リピートされやすい …160
　　「いつも持っていたい」…160
　　カスタマイズ：「自分だけのもの」…161

コラム
地球の裏側で売っている「良いもの」を知っていますか？ …162

3　プロダクトフロー：売り物・売り値の最適化 …163

(1) **ココロの流れに合わせる「売り物」の流れ** …164
　　プロダクトフロー：
　　あげる商品→売れる商品→売りたい商品 …164
　　あげる商品 …164
　　売れる商品 …165
　　売りたい商品 …166
　　プロダクトフローとマインドフロー …166
　　やり方次第で色々作れる「あげる商品」…167
(2) **プロダクトフローの事例** …169
　　みやげ品の「バラ売り」をする駅売店 …169
　　「アーティスト」のプロダクトフロー …170
　　繁盛する飲食店のプロダクトフロー …171
　　BtoBのプロダクトフロー …173

プロダクトフローを使った「新しい稼ぎ方」…174

4 売り方・売り場・売り値の最適化 …175

（1）売り方の最適化：
関門によってメッセージ・媒体が変わる …175

どんな媒体に、どんなメッセージを載せるか …175

課題関門によって、
伝えるべき「メッセージ」が変わる …176

課題関門によって、適切な「媒体」が変わる …177

「情報拡散型」の媒体・「情報蓄積型」の媒体 …180

（2）売り場の最適化とオムニチャネル …181

「売り場」は、広い意味での売り場 …181

インターネットの登場による、
購買行動の変化と「オムニチャネル」「O2O」…182

「オムニチャネル」「O2O」は、マインドフローの一部 …184

（3）認知・興味：「知らない」→「知らせよう」…186

お客様が「知らない」のであれば「知らせよう」…186

客動線の前に「客視線」：
足を止める前に、視線を止める …186

「そうだ、京都行こう。」：ニーズが発現する瞬間に、
自社が選ばれるようにしよう …189

（4）行動・比較：試せばわかる→試させよう …191

行動するキッカケを作る・行動しやすくする …191

「食べればわかる」→「食べてもらおう」：
まず食べてもらう炊飯器の販促 …193

「比較」関門では「強み」をきちんと伝えよう …195

（5）購買・利用：買いやすく、使いやすく …196

「購買」関門では、「買いやすく」…197

タクシーを「買いやすく、使いやすく」した
スマホアプリ …198

　　　　「利用」関門では「使い方」を提案しよう：
　　　　フラワーバレンタイン …199
　（6）**愛情関門** …200
　　　　忘れられないためには「コンタクト」を保つ …200
　　　　次回購買の容易化 …201
　　　　人と人とのつながりを作ろう …202
　　　　リピーター化を促進する価格体系・ポイントサービス …203
　　　　スイッチングコストを高める …205
　　　　口コミがしやすくなる仕組み …205
　コラム マインドフローはピーラー？ …210

第4章

完成の章
全体最適を実現するマインドフローの連鎖

1 増客設計図：お客様がファンになるように打ち手を「設計」する …212

　（1）「偶然」を待つのではなく、
　　　お客様がファンになるように打ち手を「設計」しよう …212

　　　　「ただ待つ」のではなく、お客様にファンになるように
　　　　打ち手を「設計」しよう …212

　　　　「顧客の物語」を実現する「増客設計図」…213

　　　　「ヨコ」は「人」「媒体」が変わるために
　　　　「モレ」が起きやすい …214

　　　　「ヨコの流れ」を作ってヒットした
　　　　ソニーのデジタルビデオカメラ …215

お客様は「気づかない、わからない、忘れる、動かない」
という前提で考えよう …217

(2)「タテヨコのスムーズな流れ」で
「顧客の物語」を実現して売上5倍！ …218

「タテヨコのスムーズな流れ」で
太陽光パネルの売上が5倍 …218

(3)「顧客の物語」における自社の登場人物で、
増客設計図を共有しよう …223

「顧客の物語」における自社の登場人物を洗いだそう …223

「共有の仕組み」としての増客設計図 …226

2 マインドフローのマインドフロー …228

マインドフローのマインドフロー：打ち手の連鎖 …228

マッサージチェアの無料貸し出しサービス …230

コラム お客様がファンになる「流れ」を作ろう …234

3 増客設計図の描き方 …234

(1) 増客設計図の描き方 …234

タテヨコの縦横無尽な「流れ」のある
増客設計図を作ろう …234

Ａ３の紙に具体的に描いていく …236

まずは「顧客像の具体化」：顧客によって流れが変わる …237

BtoBtoCの場合は、
「中間のＢ」と「最後のＣ」を分けて考える …237

タテ軸にマインドフロー、ヨコ軸に自社の打ち手：
まずは打ち手を洗いだそう …238

4 完成！ 増客設計図 …240

(1) お客様を自然と導く接客術：クチコが自然に売れる方法 …240

「全ての道は朝市へ通ず」：
いつの間にか「クチコ」を買っていた！ …240

(2) コストを抑えながら新たな「流れ」を作った服飾店 …244

（3）**増客設計図の上でモレを減らそう** …248

「顧客の物語」を「増客設計図」の上で
シミュレーションしよう …248

矢印を引こう！ 矢印は「モレ」が起きるサイン …249

流れを増やせないか、考えてみよう …251

ムダな投資、ムダではない投資 …254

（4）**あとは実行あるのみ!** …255

打ち手を打っていこう！
数値化して効果測定しよう！ …255

マーケティングは大変だからこそ、
シンプルなツールに集中しよう …256

戦略の「テストマーケティング」としての
増客設計図 …258

最後に……お客様の「水路」を作ろう！ …260

コラム お客様に選ばれるということ …261

あとがき …263

序章

お客様は「知って、買って、使って、ファンになる」

序章では、まずは本書の全体像をつかんでいただきます。お客様が「ファン」になるとはどういうことなのか、そして「増客設計図」とは何か、まずは本書で考えていくことをざっと見ていきましょう。

1 打ち手が成果を生むようになる「ファン化のプロセス」

> ミニケース
>
> 本書では「ミニケース」というちょっとした演習と申しますか、お考えいただきたい質問を随所に設けています。数秒間でよいですのでお考えになってみてください。「回答」は設けていませんが、その演習に対する考え方のヒントはこの後のどこかに出てきます。
>
> これが最初の「ミニケース」です。
>
> ある街で独立された税理士さん。顧問先の1つがレストランを開店したオーナーシェフさんです。オーナーシェフさんはよく「うちの店の料理はすごくおいしいと思う。おいしい料理を出しさえすればお客様は来るはずなのに、なんでお客様は来てくれないんだろう？　僕の腕が悪いのだろうか……」と悩んでいます。料理を食べてみると確かに料理はすごくおいしいです。
>
> このレストランの問題はなんでしょうか？　オーナーシェフさんに、どんなアドバイスをしてあげればよいでしょうか？

(1) BtoCでもBtoBでも、「ファン作り」がビジネスの目的

●ビジネスの目的はBtoCでもBtoBでも「ファン作り」

　ビジネスの目的の1つは、「ファン作り」と言えます。ここで

言う「ファン」とは広い意味でのファンですが、通常は次の２つが「ファン」となります。

　①リピート顧客：自社の商品・サービスを継続的に購入いただける方
　②紹介者：自社の商品・サービスを他の方にお勧めいただき、お客様を連れてきていただける方

　「①リピート顧客」は、数としては少数でも、売上・利益の多くの部分を占める重要顧客です。多くのビジネスにおいて、「少数の顧客が売上の大部分を占める」という法則（パレートの法則）が成り立ちます。
　「②紹介者」は、自分では買わないけれども他人に勧める、という顧客です。もしくは、家や車などの購買頻度が低い商品・サービスの場合、自分では１回買ってしまったのでしばらく買うことはないが、気に入って他人に勧めてくれる、というような顧客です。
　この「ファン」の定義は、BtoC（個人顧客対象のビジネス）、BtoB（法人顧客対象のビジネス）の両方で使えます。
　BtoCの場合はこの定義でご理解いただけると思いますが、BtoBでも「①リピート顧客」すなわち自社に継続発注いただける企業はいらっしゃるでしょう。「②紹介者」も、例えば建設業界の「コンサルタント」や「建築家」の方などは自分では商品を購入しませんが、その発注過程において、ある素材・材料を強力に勧奨したり、実質的な意思決定者になっている場合もあるでしょう。その方々が自社の「ファン」となります。

BtoCでもBtoBでも、「ファン」が多くいれば継続的な売上が見込めますし、新たなお客様を連れてきていただけますからビジネスが安定するのです。

(2) ファン化のプロセス

●BtoC・BtoBに共通する「ファン化のプロセス」

　「ファン」を増やそうと言っても、現在自社商品・サービスのことを知らない潜在顧客はいきなりファンにはなりません。

　現在は自社のことをご存じない潜在顧客が「ファン」へと育っていく場合、自社の商品・サービスを「知る」ことから始まります。知らずに買う、ということはまずあり得ません。コンビニの棚で1秒で買うことを決めるという場合でも、商品パッケージなどを見たその瞬間にその商品を「知る」わけです。

　そして「買う」「使う」という順番でお客様は進んでいきます。通常、「使う」は「買う」の後です。「買う」前に「試しに使う」というようなことはありますが（洋服の試着など）、自分のものとして「使う」のは、買った後です。そして使って満足すると、めでたく「ファン」になるわけです。

　このように、**「知って、買って、使って、ファンになる」というプロセスでお客様はファンになるのです。**

　この「知って、買って、使って、ファンになる」という「ファン化のプロセス」は、ほぼ全ての商品・サービスに共通します。

　BtoCでカフェの常連になるという場合、偶然ある店の前を通りかかってそのカフェの存在を「知る」ことから始まり、その店に入って注文して（＝「買って」）、そのすぐ後に食べる・飲むと

いう「使う」経験をして満足をすれば、再来店するという「ファン」になるわけです。

BtoBでメーカーが素材を仕入れるという場合も同じです。何らかの形で素材あるいは素材供給会社を「知る」ことから始まり、見積もりを取るなどのプロセスを経て「買う」わけです。そして買った素材を生産ラインで生産するときに「使って」、問題がなければ継続発注するという「ファン」になるのです。

BtoCでカフェの常連になるのにかかる時間は「数時間」で、BtoBで継続的な購入契約を結ぶまでにかかる時間は数年かもしれません。しかし、「知って、買って、使って、ファンになる」という「当たり前」のプロセスはBtoCでもBtoBでも同じなのです。

(3) 打ち手の「モレ」と「ムダ」を減らそう

●バケツに水を貯めるには、まずバケツの穴をふさごう

「知って、買って、使って、ファンになる」という「ファン化のプロセス」のどこかでお客様が止まってしまうと、お客様はファンになりません。

ファンを増やすプロセスを喩えて言えば、バケツに水を貯めるようなものです。バケツに穴が空いていたら、どんなに頑張って水を入れても水がモレていくばかりで水がたまりません。まずはバケツの穴をふさいで、モレをふさぐ必要があります。

例えば、お客様が自社商品・サービスを「知る」ことがなければ、買いません。

「知らない」という場合はそこに「穴」が開いているわけで、その解決策はお客様に「知らせる」ことです。そのときに製品改

良をしても意味がありません。

「買ったのに使わない」というような場合もあります。例えば本書の場合も、本棚の奥深くにしまいこまれてしまうと「使う」（＝「読む」）という次のステップに進みません。読まれなければ、当然「ファン」として他人に勧める、ということもないでしょう。そのような場合は「使い方を啓発する」「使いやすいように製品改良をする」というのが適切な打ち手になるはずです。

逆に、本書を既にお買いになられている方（＝「購買」関門を越えた方）に本書を「認知」させるための打ち手を打つことは「ムダ」です。

このように、「知って、買って、使って、ファンになる」というファン化のプロセスにおける「モレ」「ムダ」を把握し、それを減らすことで打ち手が成果を生むようになるのです。

これは当たり前のプロセスですが、このような切り口で打ち手を考えるという方法は一般的ではなく、実は盲点となっています。そして**当たり前で単純だからこそ、効果が高い**のです。

このプロセスを実戦的にするためにもう少し分解して7段階にしたのが、本書で紹介するツール「マインドフロー」です（P.32参照）。

マインドフローの中核的な考えは単純で、「お客様がファンへと育つ切れ目のない物語」を描き、その物語が起きやすくなるような打ち手を打っていくことでお客様の「ファン化」を促進する、というものです。

● 「良いものを作りさえすれば売れる」という間違い

「知って、買って、使って、ファンになる」というファン化の

プロセスを考えますと、

- 「良いものを作りさえすれば売れる」というメーカー
- 「おいしいものを出しさえすれば客は来る」というレストラン

は、「間違い」ということがわかります。

明確に「間違い」と言い切れる理由は、「良い」「おいしい」ことがわかるのは、買う「前」ではなく、買った「後」だからです。

買って使ってみれば「良いものだ」ということはわかります。店に入って食べれば「おいしい」ということもわかります。しかし、買う前、食べる前には「良い」かどうか、「おいしい」かどうかはわからないのです。

「良い」「おいしい」は、「使った後」に重要になることです。**「知って、買って」という段階においては、「良さそう」「おいしそう」と感じられることが重要**なのです。「良いこと・おいしいこと」と、「良さそう・おいしそうと感じられる」ことは全く違います。「良い・おいしい」は「モノ」の話、「良さそう・おいしそう」は伝え方の話です。

もちろん「良い」「おいしい」ことは重要です。リピートするかどうかを決める重要な要因の1つが「良い」「おいしい」ことだからです。

しかし、新規顧客にとっては「良い」「おいしい」かどうかはそもそもわからないわけです。「知って、買って」という段階では、「良さ」「おいしさ」の伝え方が重要なのです。

「ファン化のプロセス」という考え方を使う大きなメリットの1つが、このような単純な誤解を防止することができることです。

(4) 増客設計図：ファン化のプロセス×4P

●打ち手としての「4P」：売り物・売り方・売り場・売り値

　本書の中核ツール、「マインドフロー」はマーケティングの「打ち手」を考えるときに非常に使いやすいフレームワークです。

　マーケティングにおける「打ち手」は「4P」を使うと考えやすくなりますので、ここでご紹介いたします。

　4Pとは、Product（売り物）、Promotion（売り方）、Place（売り場）、Price（売り値）という「4つのP」のことです。マーケティングの定番フレームワークであり、これも使いやすい考え方ですので本書でも使うことにしましょう。ただ、英語だと覚えにくいので私は「売り物」「売り方」「売り場」「売り値」と呼んでいます。

　ここで言う「売り物」「売り方」「売り場」「売り値」は広い意味で使っています。

　BtoC（個人顧客対象のビジネス）の4Pはわかりやすいと思います。例えば「売り物」は「板チョコ」。「売り方」は「タレントを使ったテレビCM」。「売り場」はコンビニエンスストアやスーパー。「売り値」は100円、といった感じでしょう。

　BtoB（法人顧客対象のビジネス）の場合も4Pの考え方は同じです。売り物は「1億円の生産機材」。「売り方」は、業界の展示会に出展。そしてその展示会で集めた名刺にアプローチしていく、という場合は、その「売り場」は営業担当者。販売代理店経由で売る、という場合の「売り場」は販売代理店。そして「売り値」は1億円、ですね。

　BtoBにおいては営業担当者は「売り場」の一部です。店舗と

図0-1 4P

売り物 Product	**商品・サービスおよびそれに含まれるもの** ネーミング、材質、機能・性能、色・デザイン・形状、包装・パッケージ、説明書、荷姿、アフターサービス、サポート・メンテナンス、など
売り方 Promotion	**顧客に伝える内容** 広告などのメッセージ、コピー、情報、セールストーク **顧客に伝える手段・媒体** 広告・販促、HP、カタログ、看板、チラシ、セミナー、など
売り場 Place	**顧客に届ける方法・場所** 販路・チャネル(直販・営業担当者の訪問・HP)、販売代理店、小売店の売り場、配送方法、など
売り値 Price	**価格の対価** 価格・価格体系、イニシャル費用・ランニング費用、支払い方法、支払いサイト、与信管理、など

違って「動ける」売り場ではありますが、販路に分類されます。そのように考えると、BtoCでもBtoBでも4Pという考え方は共通するのです。

　4Pは本書で今後も使っていきますし、世間一般でもよく使われる言葉ですので、覚えていただくとよいと思います。

●増客設計図:ファン化のプロセス×4P

「知って、買って、使って、ファンになる」というファン化のプロセスをタテに、打ち手としての4Pをヨコにとって組み合わせると、図0-2のようなマトリックスができます。

これが本書の中核ツールである「増客設計図」の考え方です。

「知って、買って、使って、ファンになる」というファン化のプロセスは後でもう少し細かく7段階に落とし込まれますが、ここでは全体的な「考え方」をおつかみいただくために、少々単純化したものになっています。

その例として、この本の「増客設計図」について考えてみましょう。この本を読者のあなたがお買い上げいただいたという場合(ありがとうございます！)、何らかの媒体で「知って」、どこかの「売り場」で「買って」、というところまで来ています。あ

図0-2　増客設計図の考え方

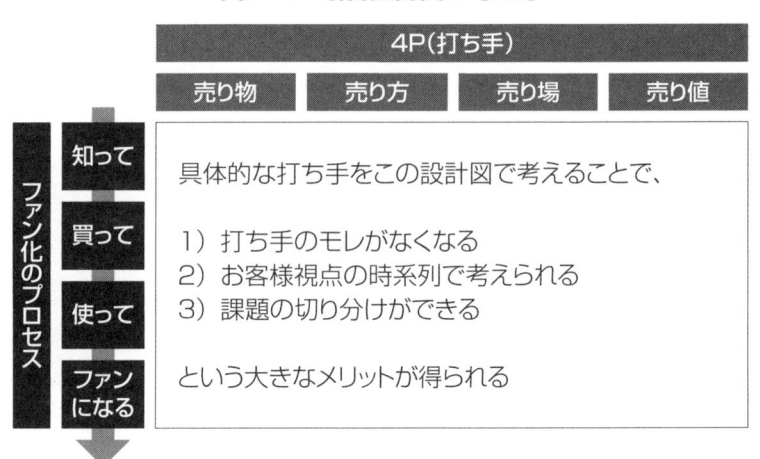

ファン化のプロセス	4P(打ち手)			
	売り物	売り方	売り場	売り値
知って	具体的な打ち手をこの設計図で考えることで、 1) 打ち手のモレがなくなる 2) お客様視点の時系列で考えられる 3) 課題の切り分けができる という大きなメリットが得られる			
買って				
使って				
ファンになる				

なたは今お読みいただいていますので、「使って」というところにいらっしゃいます。

本書が想定している「増客設計図」は図0-3のようになります。

もしあなたが私のメルマガの読者さんであれば（いつもありがとうございます）、メルマガで「知って」、書店で「買って」という流れかもしれません。あなたが書店でたまたま本書を見かけて（手にとっていただき、ありがとうございます）であれば、書店で「知って」「買って」という流れかもしれません。

図0-3　本書の増客設計図

		4P(打ち手)			
		売り物	売り方	売り場	売り値
		本そのもの	本を知らせる媒体・メッセージ	書店・通販サイト	1600円（税別）
ファン化のプロセス	知って	●内容を想起させやすいタイトル	●私のメルマガ ●書店で目立つ表紙	●書店にきちんと並ぶ、できれば平積み	
	買って			●書店・通販サイトに在庫が十分にある	●予算内の価格
	使って	●わかりやすい文体、実践しやすい内容			
	ファンになる		●他の方に勧める、通販サイトのレビューを書く		

もし「買いたい」と思っていただいても、書店に在庫がなければ、それは「知って」いるけれども「買わない」という「モレ」が生じることになります。本書が読みにくいから「読まない」ということであれば、「使う」というところで「モレ」が生じることになります。

　そしてお読みいただき、内容に同意・共感いただければ「ファン」になっていただけるかもしれませんし、内容に同意いただけなければ残念ながらそうはならない、ということですね。

　いずれにしても、「知って、買って、使って、ファンになる」のどこかで「モレ」が生じると、ファンにはなっていただけません。バケツに穴が空いているわけです。そうならないように、前ページ図0-3のような打ち手を打てる限りにおいて打っている、ということです。本書が良い・悪いというのではなく、「説明用の例」として捉えていただければと思います。

　この「増客設計図」の考え方は、3つのメリットをもたらします。

　1つは、打ち手の「モレ」を減らせることです。お客様をファンにするための打ち手はこのチャートのどこかに入ります。逆にこのチャートの「空欄」は、まだ「すべきこと」「打ち手の余地」がある（かもしれない）、ということです。

　2つめのメリットは「知って、買って、使って、ファンになる」という、お客様にとっての時系列でモノを見ることができるようになることです。売り手はどうしても「買って」という部分を中心に考えてしまいますが、まだ買う前のお客様にとって最初に大切なことは「良い」ことではなく「良さそうに感じられる」ことです。お客様にとっての時系列で考えることで、お客様

にとってより自然な打ち手を考えやすくなります。何も「知らない」お客様に自社の「こだわり」を一生懸命伝えても共感は得にくいでしょう。最初に必要なのは「自己紹介」です。お客様の「ココロの状態」にあった打ち手を考えやすくなるのです。

　3つめのメリットは、「課題の切り分け」がしやすい、ということです。機械が故障したときの原因分析と違い、「売れない」原因はなかなかスパッと切り分けしにくいものです。この設計図を使うことで、どこに課題があるのか分析しやすくなります。

　本書の最終的な目的は、あなたの商品・サービスの「増客設計図」を考えることです。本書ではその方法や事例を詳細に説明して参ります。

　以上が本書の全体像となります。ぜひ一緒に考えてまいりましょう！

コラム

「結婚」のマインドフロー

　マインドフローは、ビジネスにおいて「売上」を上げるために開発されたフレームワークです。

　が、この「知って、買って、使って、ファンになる」という基本的な考え方は、恋愛においても同じかもしれません。

　商品を知らない人にいきなり「買って」と言ってもイヤだと言われるのと同様、自分を知らない人にいきなり「つきあって」と言われても、ちょっと……となりますよね。

　「知って、仲良くなって、つきあって、結婚する」という基本的なプロセスが普遍的だとすれば、マインドフロー的な考え方は、恋愛でも使えるの「かも」しれません。

　「かも」と言っているのは、私自身が恋愛のエキスパートでは全くないので（既に結婚しており、子どもはいますが）、私にそれを語る資格はないと考えているからです。

　恋愛のエキスパートの方が「マインドフロー的恋愛術」を体系化して本にされるのであれば、ぜひどうぞ（私とは全く競合しないので、何の問題もありません）。

第 1 章

理論の章

打ち手の「モレ」「ムダ」をふさいで成果を出そう

序章で、マインドフローの全体像をつかんでいただきました。第1章では、さらに詳細にマインドフローの構造を定義していきます。マインドフローは「お客様のココロの流れ」です。お客様のココロはどう流れて行くのか、体系的に考えていきましょう。

1 マインドフローとは：お客様がファンになるまでの7つの関門

ミニケース

スマートフォン（スマホ）などを販売する携帯電話販売店の店長さん。最近、ご不満顔でスマホを解約しに来店されるお客様が多いのが気になっていました。スタッフの顧客対応を見ていると「とにかく今はキャンペーンで安いのでオトクです」と連呼して販売しており、勢いに押されてご契約いただけるお客様もいらっしゃいます。

お客様のご不満と解約を減らすためにお店としてできることをしたいのですが、あなたが店長さんだったらどうしますか？

（1）お客様がファンになるまでの7つの関門

● **マインドフロー：認知、興味、行動、比較、購買、利用、愛情という7つの関門**

　序章では、潜在顧客がファンになるまでの「知って、買って、使って、ファンになる」というBtoC・BtoB共通の「ファン化のプロセス」を考えてきました。

　本章ではその「ファン化のプロセス」をさらに詳細に定義してまいります。

　「知って、買って、使って、ファンになる」というファン化のプロセスをきちんと定義すると、「認知」「興味」「行動」「比較」

図1-1　マインドフロー：潜在顧客がファンになるまでの7つの関門

	関門の意味	顧客が止まる理由	行うべき施策
認知	商品・サービスを知る	商品・サービスの存在を知らない	顧客ターゲットにあった媒体、目立つ広告、等
興味	ニーズを感じて興味・関心を持つ	知っているがニーズを感じない	わかりやすいメッセージ、ニーズ喚起広告、等
行動	来店・資料請求・HPを見る等、体が動く	行動するのが大変・面倒	顧客接点拡大、行動手順説明、景品をプレゼント、行動促進広告、等
比較	競合と比べて「こっちがいい」と思う	競合と比べた結果、競合の方を選んだ	商品改善、販売員訓練、販促ツール改善、競合優位を伝える広告、等
購買	お金を出して買う、契約する	買いにくくなるような障害があった	販路拡大、申込書改善、クレジットカード受付、ローン提供、景品、等
利用	使う、食べる、読む	買ったが使っていない	操作性改善、マニュアル改善、使い方指導、用途提案、使う場の提供、等
愛情	使って満足し、愛用する	印象に残らず忘れた、使ったが不満だった	継続的コミュニケーション、ファンの集い、等

ゴール：ファンとなりリピート・口コミをしてくれる！

「購買」「利用」「愛情」という7関門になります。それぞれがお客様がファンになるまでに越えるべき「関門」となるのです。7つの関門はそれぞれ、図1-1のようになります。これは非常に重要な図です。

「認知」から「愛情」までの7つの関門が本書で紹介する「マ

インドフロー」です。お客様がこの７つの関門を全て越えると、自社の商品・サービスの「ファン」になるわけです。

　マインドフローを直訳すると「ココロの流れ」となります。マインドフローは私が名付けた造語です。

●お客様がどこで「止まっている」かによって、打ち手が変わる
　潜在顧客は、この７つの関門を上（「認知」関門）から下（「愛情」関門）へとすべて通過することによって、やっと「ファン」になっていただけるのです。

　「すべて」の関門というところがポイントです。どこか１つの関門で止まると、それ以上先に進みません。「すべて」の関門を越えて、ようやく「ファン」になっていただけるのです。

　そしてお客様がどの関門で「止まっている」かによって、売り手の打ち手が変わります。

　例えば、お客様が「興味」関門で止まっている（＝認知はしているが興味がない）のであれば、ニーズを訴求して興味を持っていただく打ち手が必要です。お客様が「比較」関門で止まっている（＝自社商品・サービスではなく競合を選んだ）のであれば、自社商品・サービスの強みを改善するか、強みをきちんと伝える打ち手が必要となります。

　ですから、お客様が「どの関門で止まっているか」を把握しなければ、効果的な打ち手は打てないのです。

●顧客ターゲットを決めた上で、自社商品・サービスの「関門」を考えてみよう
　では７つの関門について、１つずつ説明してまいります。

お読みいただく際には、ぜひ自社商品・サービスにあてはめながらお読みいただくと、よりご実感いただけるでしょう。
　というのも、関門の定義は商品・サービスによって変わるからです。例えば一番最初の関門は、「認知」関門です。「認知」と一口に言っても、

・商品・サービスの名前だけを何となくうろ覚えしている
・商品・サービスの名前を正確に記憶しているがどんなものかは知らない

など、「認知」の内容が色々とあります。
　適切な関門の定義は、商品・サービスによって変わってきますので、「自社商品・サービスの場合はどうすべきか？」とお考えになりながらお読みください。
　なお、ここで「顧客」として考える対象は「潜在顧客」です。自社商品・サービスの顧客ターゲットになり得ない方、というのはそもそも対象としていません。
　自社商品・サービスの想定顧客ターゲットではあるが、何らかの理由でマインドフローの７つの関門のどこかで止まってしまい、まだファンになっていない方、というのがここで想定される「潜在顧客」です。
　また、具体的な顧客ターゲットを想定しましょう。というのも、顧客ターゲットによりこのマインドフローの「流れ」が変わるからです。例えば年配顧客と若者顧客では、商品・サービスを「認知」させるための広告媒体などが変わります。ですから、具体的な顧客ターゲットを決めた上でマインドフローを考えていく、ということになります。顧客ターゲットが２通りあるという場合は、基本的にはマインドフローも２通りできるということに

なります。

● 認知：知らなければ何も始まらない

　お客様が最初に越える関門は「認知」関門です。潜在顧客は自社の商品・サービスを「知らない」状態から始まりますから、まずはお客様が「知る」すなわち「認知」することから全てが始まります。

　「認知」関門でお客様が止まるということは、潜在顧客が自社商品・サービスを「知らない」状態にある、ということです。

　お客様が「知らない」のであれば、まずは自社商品・サービスを「知らせる」ための打ち手が必要になります。例えば、テレビなどのCMは典型的な「認知」向上の打ち手です。BtoC（個人顧客対象のビジネス）における「認知」の媒体は、多くの場合がテレビ、雑誌、ホームページなどのいわゆるマス媒体・広告媒体となることが多いでしょう。BtoB（法人顧客対象のビジネス）の場合は、例えば合同展示会場の自社展示ブースに立ち寄って商品・サービスの存在を「認知」するかもしれません。

　それ以外にも「口コミ」のように、ファンが自ら潜在顧客に対して積極的に認知向上活動をしてくれる場合もあります。ブロガーが自分の好きな商品を自発的に紹介するような場合がそれに当たります。

　いずれにせよ、潜在顧客にとっては「知る」ことから始まるわけですから、「知らせる」ことが「はじめの一歩」になります。

● 興味：ニーズを感じなければ知っていても無視される

　お客様が「認知」関門の次に越えるのは「興味」関門です。

「興味」関門でお客様が止まるということは、お客様は「認知」はしているものの「興味」を感じずに「素通り」している、ということです。

　「認知」がある（＝知っている）ことと「興味」があることは違うことです。知っているけれども興味がない、というケースは少なからずあるでしょう。例えば私は通勤経路にあるお店は「認知」してはいます。が、ほとんどの店に「興味」がないため、素通りしてしまいます。テレビを見ていると色々なCMが流れ、その商品・サービスを「認知」はしますが、多くのものには「興味」を持てずに聞き流してしまいます。

　「興味がない」とは、「ニーズを感じていない」ということです。「ニーズがない」とは限りません（ニーズがないのであれば、それはそもそも顧客ターゲットの想定自体が誤っている、ということになりますね）。ニーズが潜在的にあったとしても、その潜在ニーズに訴えかけない限り「興味」関門を越えられませんから、ニーズを喚起するような伝え方ができていない、ということかもしれません。

　テレビCMでは「連呼型」のものがあります。商品・サービス名を連呼されれば、名前は「認知」するでしょうが、「興味」を持っていただけるとは限りません。

　その意味では**「認知」の打ち手の際に、お客様が「興味」を持つ（＝ニーズを喚起する）ような伝え方をする**、ということが重要です。

● 行動：「頭」で考えた後には「体」が動く

　「興味」関門の次は、「行動」関門です。

「認知」「興味」は、お客様に「これ、いいな。欲しいな」と考えていただく、というお客様の「アタマの中」で起きることです。

お客様が「これ、いいな。欲しいな」と思って（「興味」関門を越えて）も、そのまま何もしなければ、そこで止まってしまい、何も起きません。

「行動」関門は、お客様が「欲しいな」と思った（「興味」関門を越えた）あと、ウェブで検索する（＝手が動く）、店に行って商品を手にとって見る（手・足が動く）、などの「体の動き」を伴った「行動」をする、ということです。

「行動」関門でお客様が止まるということは、「欲しいな」とは思ったものの、わざわざ行動するほどでもない、または行動するのが非常に大変、というような、

行動にあたっての障害　＞　商品・サービスへの興味

という状態になってしまっている、ということです。

「行動」関門では「脳の動き」から「体の動き」へというカベを越えることになりますので、売り手にとっては障害が高いカベとなります。その分、お客様に動いていただけるような強い動機づけを持たせるための打ち手が必要です。

BtoC（個人顧客対象のビジネス）の場合、例えば食品をスーパーで売る場合には店頭で試食コーナーを設けると、そこでお客様が「足を止め、手を動かして口に入れる」という「行動」をとっていただきやすくなります。

BtoB（法人顧客対象のビジネス）の場合、例えば生産設備のような場合でも、自社に招待してそこで実際に機械がどれくらいの大きさでどのように動くのか、どう使うのか、などをご体験いただく機会を設けるとお客様が「行動」を起こす動機づけが強ま

るかもしれません。

「行動」関門を越えていただくには、お客様に「行動していただきやすくする」という打ち手が重要になります。

●比較：競合に負けたらそこで終わり

「行動」関門の次は、「比較」関門です。

お客様が「行動」関門を越えたということは、お客様の「欲しい」の確度が高まっている、ということです。通常、その後は「他にどんなものがある？　どれがいいのだろう？」と考える、すなわち「競合を探し、それと比べる」ということをします。

例えばスーパーやコンビニの店頭で飲料を買う場合は、その商品の回りに陳列されている他の商品と比較するかもしれません。BtoBの場合は、いわゆる「アイミツ」（数社から見積もりを取る、相見積もり）をとって比較する、ということになります。

「比較」関門でお客様が止まるということは、お客様が自社商品・サービスを競合と比較した結果、競合が選ばれてしまい、競合に流れた、ということです。

そうならないように、「売り物」（商品・サービス）という意味では「強み」（強みは「お客様が競合ではなく自社を選ぶ理由」と定義されます）を持つ商品・サービスにする、ということが必要です。「売り方」（広告・販促・伝え方など）という意味では、「強み」をお客様にきちんと伝える、ということが重要です。

比較関門が存在しない、すなわち店頭で商品を手にとってそのままカゴに入れてレジに行く、というような場合もなくはありません。が、通常は「他の商品は見なくてよい、比べるまでもない」というような思考を意識的・無意識的にしています。競合と明確

に差別化できている商品・サービスの場合は、そのような「無意識の比較」をすることが多いようです。逆に言えば、「よく差別化されている商品」は比較関門を容易に乗り越えられるのです。

「比較」関門を越えるためには、「強み」（＝お客様が競合ではなく自社を選ぶ理由）を作り、それをきちんとお客様に伝える、という打ち手が重要になります。

●購買：買いたいと思っても買わないこともある

「比較」関門の次は、いよいよ「購買」関門です。

「比較」関門を越えたということは、お客様が「買うならこの商品・サービスだ」と決めた、ということです。しかし、そこまで来ても、買わない、という場合もあります。

「購買関門」でお客様が止まるということは、「お客様は買いたかったが、買えない理由があった」ということです。例えばお客様が欲しいと思っても、「店に在庫がない」のであれば、買えません。

「近くに店がなくて買いに行くのが大変」だったり、電化製品などでしたら「重くて持ち帰れない」というような障害もあるでしょう。その場合は「お届けする」ことで、関門を乗り越えていただきやすくなります。

「支払い方法」が障害になることもあります。お客様はクレジットカードで買いたいのにカードが使えない、というような場合は、もちろんクレジットカードで買えるようにする、というのが解決策になります。

「購買」関門を越えるにはお客様が「買いやすくする」ための打ち手が必要になります。

●利用：買っても使うとは限らない。使えて初めて価値を感じる

「購買」関門の次は、「利用」関門です。

お客様は、買ったら、使います。使うために買うのです。当たり前のことではあるのですが、売り手は「売ったらそれで終わり」と思ってしまいがちになります。「お客様は使うために買う」ということを忘れないようにするためにも、この関門を意識するようにしましょう。

「利用」関門でお客様が止まるということは、買ったけれども結局使えない、使いこなせない、というような場合です。

私はスマホを使っていますが、電話とメールくらいであまり使いこなせておらず、いわゆる「ガラケー」に戻そうかと思っていました。スマホの「利用」関門を越えていなかったのです。そのときにあるプロ野球アプリの存在を知りそれを入れてみると、非常に見やすく、便利でした。プロ野球の試合経過や結果が詳細かつ見やすくわかるのです。そのときに初めて「スマホを持っていて良かった！」と思ったのです。逆に言えば、その人にあった「使い方」を教えてあげれば、スマホの価値は高まる、ということです。

使い方が複雑で使いこなせない、使えるのだがその一部しか使っておらず、その真価がわからなければ、お客様に価値（＝嬉しさ）を感じていただけません。スマホなどの場合、お客様が使い方をよくご理解されていなければ解約されてしまうかもしれません。

商品・サービスそのものを「使いやすくする」ことや、使い方を教える・啓発する、というような打ち手は価値に直結する大切な打ち手なのです。

「価値は使い方に表れる」というのはマーケティングの基本原則ですが、お客様は商品・サービスを使って、そして使いこなせて初めて価値を感じるのです。
　「利用」関門を越えるためには、「使いやすくする」「使い方を伝える」といった打ち手が重要になります。

● 愛情：満足しても、「忘れる」こともある
　「利用」関門の次、そして最後の関門が「愛情」関門です。
　この関門を越えると、お客様はファンになる、と申しますか、この関門を越えた人を「ファン」と呼びます。多くの場合は、「リピーター」です。
　「愛情」関門でお客様が止まるということは、買って使ってはみたけれども、満足できなかった、または心理的なつながりが持てなかった、ということです。
　まず、商品・サービスそのものに満足できなかった場合は「愛情」どころか「不満」を持つことになります。その場合はもちろん商品・サービスそのものを改善することになります。
　また、商品・サービスにお客様が満足しても、「ココロのつながり」「絆」というレベルにまで達しなければ、「次は他の商品を試してみよう」と「浮気」されてしまうかもしれません。単純に自社商品・サービスを忘れられてしまう、ということもあるかもしれません。そのような場合は継続的に手紙やニュースレターを送ったり、感謝の会などを開いてお客様にお礼や感謝を伝え続けることで、お客様に「愛情」を持っていただきやすくなります。また、VIP顧客向けの展示会を行うような取り組みも効果的かもしれません。

例えば、大型バイクで知られるハーレーダビッドソンは「ハーレー・オーナーズ・グループ」（H.O.G）というユーザー会を組織しています。H.O.Gはファン同士をつなげ、ツーリングに一緒に行くなどの機会を提供しているのですが、それはお客様とハーレーとの「絆」を深める「愛情」関門の典型的な打ち手と言えるでしょう。

(2) 潜在顧客がファンへと育つまでの切れ目のない「顧客の物語」

●マインドフローは、潜在顧客がファンへと育っていく切れ目のないプロセスの描写

マインドフローは、自社商品・サービスを「認知」していない潜在顧客が、「愛情」関門を越えて「ファン」へと育っていくプロセスを描写するものです。

関門としては7つありますが、それはあくまでも自社の打ち手を考えやすくするためであって、お客様がファンへと育つ過程は本当は切れ目のない「物語」であり、映画のストーリーのようなものです。

お客様がファンへと育つ切れ目のない物語、すなわち**「顧客の物語」を描き、その物語が起きやすくなるような打ち手を計算して打っていくことでお客様の「ファン化」を促進する**、というのがマインドフローの中核的な考え方です。

例えば「認知」関門においては、お客様の生活という「物語」においてお客様が触れる媒体に広告を出す、ということを考えます。お客様が触れない広告媒体に広告を出しても、無意味です。

「行動」関門においても同様に、お客様が日常立ち寄る店に自社商品・サービスが並んでいなければ、お客様が自社商品・サービスを手に取る（＝「行動」関門）機会がありません。例えば、女子高生向けの電化製品を家電量販店に並べても、女子高生が家電量販店に来るでしょうか？　それよりも、女子高生が立ち寄る雑貨店に並べるべきですよね。

BtoBで展示会に出展するというような場合、当然のことながら顧客ターゲットの方がいらっしゃるような展示会に出展し、通りかかるような場所にブースを出さなければ意味がありません。

お客様にとって無理のない自然な「顧客の物語」を描き出すことが重要です。

●顧客を「具体化」することで、「物語」がリアルになる

お客様がファンへと育つ「顧客の物語」を描き、その物語が起きやすくなるような打ち手を打っていくことでお客様の「ファン化」を促進する、というのがマインドフローの中核的な考えです。

これは当たり前のことのように見えて、実際には相当難しいことです。その1つの要因が顧客像が相当詳細に描かれていなければ、「顧客の物語」が描けないことです。「20代女性」のような粗っぽい顧客の定義では、その中に女子大生の方も、バリバリのキャリアウーマンの方も、29才の子育てママも入ってきてしまいますから、見るテレビ番組や立ち寄る店がバラバラになってしまい打ち手の整合性が取れなくなってしまいます。

顧客像を詳細に詳細に詳細に、具体的には「1人の理想顧客」を描き出すことで、「リアルな物語」を描けます。

現実に存在するあるお客様が理想顧客だと定義できれば、その

方の「1日の生活」を「密着取材」することで、自社の打ち手が明確になります。

例えば、2012年発売のライオン「トップ ハイジア」は、抗菌洗剤としてヒット商品になりました。この製品は、顧客観察から生まれました。

『これほど抗菌力の高さにこだわったのは同社が消費者に1日中密着して観察した結果だ。9割以上の消費者が洗剤に抗菌・除菌機能を求めていることが判明。そこで同社の社員がモニター消費者を1日中観察。衛生面でどんなことに気を配っているのか徹底把握したところ「帰ってきた子どもの服を玄関で脱がせるケースもあるなど、外から入る菌への不安が大きい」(ライオン)。ハイジアの開発の原点にもつながった』(『 』内は2012/08/17 日経MJ P.3)とのこと。

これは、商品開発の事例ですが、広告を打つ、販促をする、というような場合も同様にお客様の生活・行動を観察することで、「リアルな物語」が描けるわけです。

●ビジネスによって、7つの関門は変わる

マインドフローは7つの関門から構成されています。これは、BtoC・BtoBを問わず色々な業態を経験・コンサルティング・観察させていただいた経験から、それぞれの顧客の「ファン化のプロセス」を普遍化して導き出されました。

ただ、普遍化してしまっているがゆえに、ビジネス・業種業態などによって若干調整する必要がある場合もあります。

例えばリピート型のビジネスの場合（通販など）では、「購買」関門を通過した、だけでは粗すぎます。その場合は、「1回購買客」「2回購買客」「3回以上購買客」などに分けていけばよいかと思います。リピート型のビジネスの場合は、一般論として「1回購買客」（1回しか買ったことのないお客様）は何らかの事情があって「1回のみの購買」にとどまっており、2回目の購買をさせるのはかなり難しい場合が多いです。しかし「3回以上購買客」が購買を突然止めるのは、何らかの「不満」があったのかもしれません。「購買回数」によって打ち手が変わるために、分けて打ち手を考えたほうがよいわけです。
　BtoBの場合、例えば広告のコンペなどの場合は、「比較」関門が1回だけではない場合もあります。何回かコンペを繰り返して絞られていくような場合は、比較関門を2〜3段階に分けたほうがよいかもしれません。
　ただ、関門を分けすぎると複雑になりすぎて管理が難しくなりますし、分けた関門別に打ち手が打てないのであれば、分ける意味がありません。経験的には、関門の数はトータルで7つ程度に収めると使いやすいかと思います。
　このあたりはご自身のビジネスに合わせて調整されるとよいかと思いますが、まずは「基本」である「7つの関門」をご理解され、そこからお始めになることをお勧めします。

●BtoCの例：初めてペットボトルの飲料を買う場合
　ここで、マインドフローの全体像をおつかみいただくために、BtoC・BtoBのそれぞれの場合についてマインドフローの例を説明してまいりましょう。

まずはBtoC（個人顧客対象のビジネス）から見ていきましょう。BtoCの典型的な例は、飲料メーカーがペットボトル飲料を消費者に売る、家電メーカーがテレビを消費者に売る、というような場合です。

　個人顧客がコンビニエンスストアなどでペットボトルの飲料を買うという場合について考えてみましょう。

　マインドフローの中核的な考え方は、お客様が自社商品・サービスのファンになっていく「顧客の物語」を描き、その物語が起きやすくなるような打ち手を打っていくことで、お客様の「ファン化」を促進する、ということです。

　「顧客の物語」をより詳細に描写するために、お客様の「ココロの動き」（アタマの中で考えること）と「カラダの動き」（実際の行動）を分けて考えていくことにしましょう。

　潜在顧客がコンビニエンスストアやスーパーなどの飲料の棚の前を通りかかって「そうだ、飲み物を買おう」と思ったところから始まるマインドフローは、例えば48ページの図1-2のようになるでしょう。

　お客様が飲料コーナーで立ち止まって飲料を買い物カゴに入れる（「認知」→「比較」）までの時間は、わずか数秒かもしれません。が、その短い時間の間にお客様は脳内で膨大な情報処理をしています（それを意識しているかしていないかは別にして）。

　「購買」から「利用」も、買って店を出てプシュ、とフタを開けて飲み終える、という数十秒の間に終わるかもしれません。

　この数十秒〜数分の間に、お客様がファンになるかどうかが決まる（ことがある）のです。

図1-2　BtoCの潜在顧客がファンになるまでの7つの関門
BtoC：飲料を店頭で購入する

	顧客の物語	ココロの動き	カラダの動き
認知	店頭の棚の前でパッケージを見て商品の存在を認知する	「何を飲もうかな。あれ、こんなの出たんだ」	視線が商品パッケージに向き、そこで止まる
興味	パッケージのデザインなどから興味を持つ	「○○味？　おいしそうだな」	
行動	棚から飲料を取り出し詳細を確認する	「どんな味だろう…　カロリーはどれくらい？」	商品を手に取り、目線をラベルなどに向ける
比較	棚に並ぶ他の商品と比較する	「他にはどんなのがあるんだろう？」	他の商品にも顔を向け、手に取って比べる
購買	レジでお金を払う	「うん、今日はこれにしよう！」	商品を手に持ってレジに行き、お金を払い商品を受け取る
利用	店を出て飲む	「どんな味なのかな？　楽しみ」	キャップを開け、ボトルを口に持っていく。口をつけて中身を飲みこむ
愛情	味に満足してその飲料に愛情を持つ	「おいしいじゃん！また買おう！何ていう名前かな？」	パッケージのデザインや名前をじっと見る

ゴール：ファンとなりリピート・口コミをしてくれる！

●BtoBの例：ペットボトルの飲料メーカーが香料を買う場合

　次に、BtoB（法人顧客対象のビジネス）の例を見ていきましょう。
　先ほどのペットボトルの飲料を作るメーカーの開発担当者が、香料会社から新たに香料（飲料の味や香りとなる素材）を調達す

る、という場合について考えてみましょう。香料会社の顧客企業が飲料メーカー、ということです。

　香料会社の営業担当者が、飲料メーカーの開発担当者の連絡先を入手して電話をするところから「物語」が始まるとすると、50ページの図1-3のようになるでしょう。

　私も食品メーカーのブランド担当として香料会社から香料を調達・検討する立場にいたことがありますが、おおよそ図1-3のような感じになるかと思います。

　なお、念のために申し添えておきますが、通常は飲料メーカーは大手香料会社とは日常的な取引があり、「新規の香料会社と取引を開始する」ということはあまりないかもしれません。あくまでも「香料会社と取引を新規に開始するとしたら」という仮想の例としてお考えください。

　このような場合は、先ほどのようなBtoCで消費者が飲料を買ってファンになる場合（数分で終わる）と違い、相当時間がかかるプロセスを踏むことになります。

　「行動」関門の飲料の試作にも数日〜数週間はかかるかでしょう。「比較」関門で、他の香料と比べるときには消費者調査を行う場合もあり、それも数週間がかりになります。当然「利用」（その香料を使った新商品の発売）〜「愛情」（売上が良いことがわかり、購入継続を決める）には数ヶ月かかるでしょう（先ほどのBtoCの事例はこのプロセスの一部ということです）。

　この「認知」→「愛情」関門の通過時間は、数ヶ月〜１年程度ではないでしょうか。一般論としてBtoBの「ファン化のプロセス」には、時間がかかることが多いものです。

　また、顧客が大企業である場合はこの「ファン化のプロセス」

図1-3 BtoBの潜在顧客がファンになるまでの7つの関門
BtoB：飲料の香料を調達する

	顧客の物語	ココロの動き	カラダの動き
認知	香料会社からの営業電話で認知する	「へー、そんな香料が出たんだ？」	電話を取り、香料会社の営業マンから話を聞く
興味	電話の内容に興味をもってミーティングのアポを承諾する	「○○味？ 売れるかもしれない。詳しく聞きたいな」	
行動	会ってサンプルの提供を受け、試作品を作る	「売れる飲料が作れるかも！」	その香料を使った飲料の試作品を作り、味を試す
比較	他社の香料と比較検討する	「他にいいのはないのかな？」	同様の商品を競合から取り寄せ、同様に試作品を作る
購買	調達を決定する	「こっちのほうが生産性も味もいいから、これにしよう！」	稟議書を作成し、社内手続をすませる
利用	その香料を使った新商品を生産して、発売する	「いよいよ発売だ。売れるといいな」	生産をし、チャネルに営業をかけ、商品を届ける
愛情	消費者の支持を得て、販売継続・調達継続を決める	「目標売上数値を達成した！ 万歳！」	新商品の売れ行きをチェック

ゴール：ファンとなりリピート・口コミをしてくれる！

に複数の人が登場します。「顧客の物語」の登場人物が複数になるのです。例えば、

・全ての関門：商品企画をする企画担当者・その上司
・行動関門：試作をする開発担当者・その上司

・比較関門：消費者調査をする調査担当者・その上司
・購買関門：購買手続きをする購買担当者・その上司

などです。**関門ごとに、担当者が変わる**ことがおわかりいただけるかと思います。

あなたが先ほどの香料会社の営業の立場にいらっしゃるような場合は、**各関門ごとに顧客企業内でどんな立場の方がどのように関わるかを一度整理されると、打ち手が考えやすくなりますし**、顧客企業に対する働きかけもしやすくなるでしょう。

このように、BtoCとBtoBで見え方は違いますし、「認知」→「愛情」にかかる時間も相当違います。

しかし、「知って、買って、使って、ファンになる」というプロセス自体は、BtoCでもBtoBでも、業種を問わずにあてはまることがご理解いただけたでしょう。

そうした上で、その「見え方」はビジネスによって違いますので、具体的な「関門」をお考えになられるときにはご自身の業種業態・商品サービスに合わせてお考えになられてみてください。

●BtoBtoC：「中間のB」と「最後のC」はそれぞれにマインドフローを考える

ここまで、BtoCとBtoBのそれぞれのビジネスにおける典型的なマインドフローを見てきました。

が、実際の多くのビジネスはBtoCでもBtoBでもなく、「BtoBtoC」という流れになっていることが非常に多いのです。

先ほどの飲料メーカーやテレビを売る家電メーカーは一般的にはBtoCに分類されますが、実際には直販で売られるよりも小売店の店舗で販売されます。飲料はコンビニエンスストアやスー

パーマーケットで、テレビは家電量販店や街の電機店で売られるわけです。また、その前に「卸会社」を通すかもしれません。

となりますと、

　　　　最初のB　　　　　　中間のB　　　　　　最後のC
　　　　　B　　　to　　　B　　　to　　　B　　　to　　　C
　　自社（メーカー）　→　卸会社　→　小売店　→　消費者

という「流れ」を経て、商品が売れる・お客様の手に届く、ということになります。飲料メーカーの直接のお客様は消費者ではなく、卸会社や小売店なのです。

この流れのことを「BtoBtoC」と呼んだりします。「最初のB」が自社、「中間のB」が卸や小売、「最後のC」が消費者・エンドユーザーですね。

逆に、先ほどの香料会社（BtoBです）も、直接のお客様は飲料メーカーですがその先にいる「消費者」に飲料が売れるからこそ、飲料メーカーが自社の香料を買うわけです。消費者が飲料を買わなければ、香料（＝自社商品）は売れないのです。となりますと、香料メーカーも当然消費者のことを考えて香料を開発する必要があるということになります。

BtoCと言われる「飲料メーカー」も、BtoBと言われる「香料メーカー」も、両方とも実は「BtoBtoC」という商流になっているのです。最後の「消費者」の部分が「会社」の場合は、「BtoBtoB」となります。その場合も基本的な考え方は同じです。

となると、「では、一体誰がお客様なのか？」という疑問が浮かびます。飲料メーカーのお客様は、「卸会社」か「小売店」か「消費者」か、誰なのでしょうか？

その答えは、その商流で「主たる力を持っている人・会社がお客様となる」ということです。BtoCの場合は、消費者が欲しい、と言えば小売店は仕入れる（仕入れざるを得ない）でしょうから、消費者の力が強いでしょう。だから飲料メーカーは「BtoC」と呼ばれるのでしょう。その一方で、小売店に仕入れてもらえなければ、消費者は自社商品を買えない、というのも事実です。

ですから、BtoBtoCの流れにおいては、結局は消費者に届くまでの「全ての関係者」に自社商品・サービスを受け入れていただく必要があります。どこで「モレ」が生じてもダメなのです。

そのことを図にすると、図1-4のようになります。

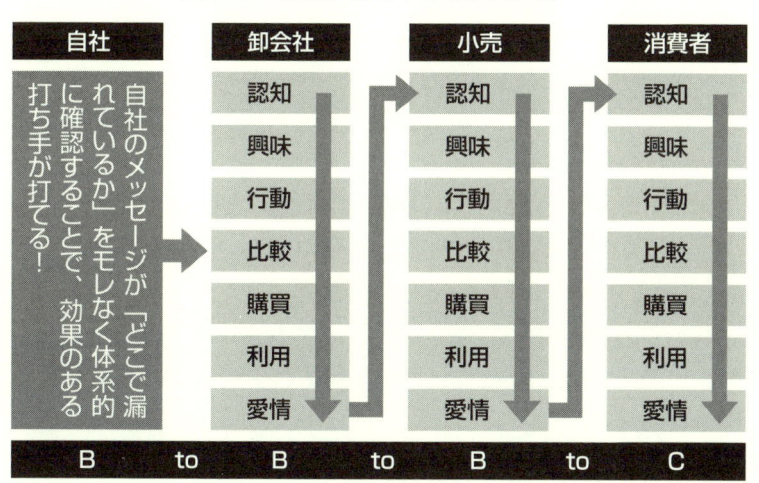

図1-4　BtoBtoC＋マインドフロー

自社	卸会社	小売	消費者
自社のメッセージが「どこで漏れているか」をモレなく体系的に確認することで、効果のある打ち手が打てる！	認知 興味 行動 比較 購買 利用 愛情	認知 興味 行動 比較 購買 利用 愛情	認知 興味 行動 比較 購買 利用 愛情
B	to B	to B	to C

飲料メーカーが消費者に飲料を売る場合、まず「卸会社」に自社商品を取り扱っていただく必要があります。次に例えばコンビニエンスストアのバイヤーさんに、自社商品を「認知」していただき、これは売れそうだと「興味」を持っていただき……最終的には店舗に陳列していただくところまで、「モレ」なく進む必要があります。そしてその後で、エンドユーザーたる消費者に「認知」していただき……と、1ヵ所でもモレがあると売れない、ということになります。

　そして、「中間のB」（例えばコンビニエンスストアのバイヤーさん）に対する打ち手と、「最後のC」（消費者）に対する打ち手は違います。「バイヤー」に「認知」していただく方法と（例えば営業担当者の訪問）と、「消費者」に「認知」していただく方法は（例えばテレビCM）全く違います。

　ですから、**中間のBのマインドフローと、最後のCのマインドフローを別々に考える必要があります**。これを一緒にしてしまうと混乱しますので、注意しましょう。

　さらに細かく考えていきますと、「社内の人」に対するマインドフローを考えるとよい場合もあります。例えば、商品開発担当者の最初の「売り先」は、自社の「営業担当者」かもしれません。ですから、営業担当者に自分の開発した商品・サービスをしっかり営業してもらうためには、営業担当者に商品特徴を「認知」して、「興味」を持っていただき……という「営業担当者向けのマインドフロー」を考えた上で、それを達成する「プレゼン資料」「販促資料」を作るということも、実際の仕事の上では有効ですね。

(3) 前半では「売り方」が、後半では「売り物」が重要

●買う前に大事なのは「良い」ことではなく「良さそう」なこと

　マインドフローの大きな「流れ」を考えてみますと、「購買」より前の関門で重要なのは、「売り方」です。広告・販促など、「買う気を促す」施策です。

　実際に商品・サービスが良いかどうかは、まだ買って、使っていないこの段階ではわかりません。もちろん「試しにお使いいただく」ような打ち手（商品サンプルを配るなど）はありますが、まだ本格的に長時間使った、というわけではありません。

　「認知」「興味」「行動」「比較」という関門においては、お客様はまだ自分のものとして使っていないわけですから、商品・サービスそのものの良し悪しについては、わかりません。

　お客様は、「買う前」には、「良い」かどうかはわかりません。買う前に重要なのは「良さそう」に感じられることです。

　食品・飲食店の場合は、「おいしい」かどうかは買う前にはわかりません。「おいしそう」かどうか、が重要なのです。ですから、店の外装、看板、飲食店ウェブサイト・雑誌などの「魅せ方」が大事になってきます。

　繰り返します。**「買う前」に大事なことは、「良さそう」に見えること**です。食品であれば同様に「おいしい」ことではなく「おいしそう」に見えることが重要です。ビジネス書であれば「役立つ」ことではなく、「役立ちそう」だと感じていただくことが重要なのです。「良い」「おいしい」「役立つ」ことはもちろん大事ですが、それはお客様が「買って、使った」後なのです。

　「買う前」に重要なことは、「良い」ということを「伝える」こ

とです。打ち手として大事なのは、広告・販促などの「伝える」施策なのです。

●買った後に「リピートを促すのは『売り物』」

「売り物」すなわち商品・サービスの良さがわかるのは、買った「後」すなわち「利用」「愛情」関門です。実際に使ってみて、はじめてその良さがわかるわけです。

ですから、買った後には商品・サービスが「良い」、食品が「おいしい」、本が「役立つ」ことが重要になります。

飲食店がどんなに美辞麗句を並べて「おいしそう」に見える「売り方」をしても、実際に食べてみておいしくなければ、リピートにはつながりません。

商品・サービスが良ければ、リピート購買につながります。そ

図1-5 マインドフローの位置による施策の重要性の違い

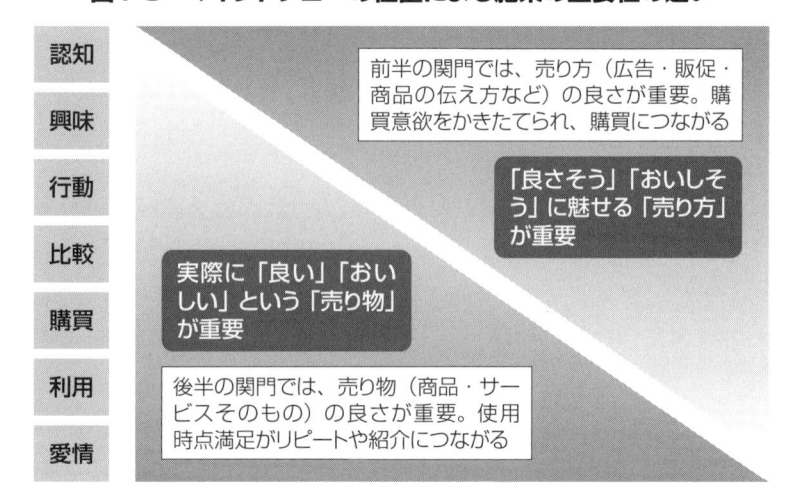

認知	前半の関門では、売り方（広告・販促・商品の伝え方など）の良さが重要。購買意欲をかきたてられ、購買につながる
興味	
行動	「良さそう」「おいしそう」に魅せる「売り方」が重要
比較	
購買	実際に「良い」「おいしい」という「売り物」が重要
利用	後半の関門では、売り物（商品・サービスそのもの）の良さが重要。使用時点満足がリピートや紹介につながる
愛情	

れがまさに「愛情」関門で起きることです。

「良い」「おいしい」「役立つ」ことはリピートを決める際に、決定的に重要になります。

このように**マインドフローの関門の前半・後半で、重要な打ち手が変わります。**

「買う前」に大事なのが「良さそう」「おいしそう」「役立ちそう」に魅せる「売り方」（広告・販促など）です。

「買った後」に大事なのが実際に「良い」「おいしい」「役立つ」という「売り物」（商品・サービス）です。

「売り方」と「売り物」のどちらがより大切か、ということではなく、両方大事です。

「売り方」が良くなければ商品・サービスが魅力的に見えず、初回購買が起きません。「売り物」が良くなければ、1回は売れても商品・サービスに失望し、リピート購買につながりません。それどころか、クレームや悪評につながります。

マインドフロー前半の「売り方」、後半の「売り物」が揃って、両輪として回ることで初めてファンが増えていくわけです。

> コラム

AIDMAとマインドフロー

　マインドフローと類似する考え方の1つに「AIDMA」(アイドマ、と呼ばれます)があります。いわゆる消費者行動モデル(マインドフローもその1つです)の元祖と言ってよいかもしれません。

- Attention(注意)
- Interest(興味)
- Desire(欲求)
- Memory(記憶)
- Action(行動)

　この5つの言葉の頭文字をとって、「AIDMA」です。よく知られた考え方です。
　お客様の思考・行動プロセスに沿って考えよう、という基本的な考え方はマインドフローもAIDMAも一緒です。
　ただ、AIDMAは大分前に考えられたもので、必ずしも実情と合わないものとなっています。
　例えば、Attention(注意)、Interest(興味)、Desire(欲求)は、その切り分けが不明確です。特に、Interest(興味)とDesire(欲求)は重なる部分が多く、その間に明確な線引きをするのは、不可能とは言わないまでもかなり難しいように思います。
　また、Action(行動)という言葉も広すぎます。飲料を買う場合に店頭で手に取るのも、カゴに入れるのも、飲むことも、すべて「Action」だからです。
　AIDMAを現在に合わせた形にした上で、その「使い方」を体系化・精緻化したのが本書のマインドフローです。
　AIDMAを否定しているわけではなく、このような「心理プロセス」として体系化した功績は非常に大きいものだと私は思います。

2 打ち手の「モレ」と「ムダ」を最小化するマインドフロー

> **ミニケース**
>
> ある映画館の館長さん。ほとんど映画館にいらっしゃらないような「新規顧客」を増やすことが課題だ、と常々考えていました。そこで、映画館の中でポスターを貼ったり、次回割引クーポンを配ったりしていました。それでも、新規顧客は一向に増えません。
>
> 何が問題なのでしょう?

(1) 打ち手の「モレ」：バケツから水がモレていないか？

●マインドフローを使わないと何が起きるか

　ここまで、マインドフローとは何か、というマインドフローの定義について解説してまいりました。

　ここからはマインドフローを使うメリットについて考えてまいりましょう。

　逆説的ではありますが、マインドフローを使わないとどんな「デメリット」が発生するか、ということからマインドフローのメリットを考えていきましょう。

　マインドフローを使わないと、2つの「間違い」が起きやすくなります。

1つめの「間違い」は打ち手の「モレ」、もう1つの「間違い」は打ち手の「ムダ」です。言葉通りの意味です。1つ1つ見ていくことにしましょう。

●打ち手のモレ：バケツに穴が空いていないか？
　1つめの間違いは、打ち手の「モレ」です。
　小さなお子さんをお持ちの教育熱心な知人から聞いた話です。ある教育教材のHPの「幼児教育が大切だ」という解説を見て、その教材の資料請求をしたそうです。届いた資料を注意深く読んだところ、「幼児教育が大切だ」というHPの主張が繰り返されているだけであり、結局その教材は買わなかったとのことでした。

　この話は、マインドフローで整理するとわかりやすくなります。

　HPの「幼児教育が大切だ」というのは「興味」関門の打ち手で、そのメッセージは見事に知人に刺さり、資料請求という「行動」を促したわけです。
　とすると、このお客様に幼児教育の大切さを訴求しても意味がありません。そのメッセージは既にお客様に伝わっており、お客様は「比較」関門にいます。その大切な幼児教育を行う際に「なぜ他社の教材ではなくその会社の教材がよいのか」ということを知人は知りたかったのでしょう。送る資料で伝えるべきは「幼児教育の大切さ」ではなく自社の「強み」（＝自社の教材を選ぶ理由）だったのです。説明すべきことに「モレ」があったために「比較」関門を越えていただけなかったわけですね。

この場合のマインドフローはこのようになるでしょう。

- 興味　← 　幼児教育が大切、だというHPの主張に共感し、興味を持った
- 行動　← 　だからわざわざ資料請求するという行動をした（大切だと思わなければしない）
- 比較　← 　他の教材との違いが知りたかったから資料請求したのに、幼児教育が大切！と今更言われても……
- 購買　← 　だから購買しない

　伝えるべきことを伝えていないという「モレ」があったために、資料請求までしてくれた大切な見込み顧客に「購買」をしていただけなかったわけです。

　打ち手の「モレ」は、喩えて言えば「バケツに穴が空いているようなもの」です。穴が空いているバケツにいくら水を注いでも水はどんどんモレていくのと同様に、マインドフローの各関門の打ち手にモレがあれば、頑張ってもファンは増えません。

　いくら良い商品を作っても、それ以前の問題として「認知」「興味」などの打ち手が「モレ」ていれば、存在に気づいてすらいただけません。店頭で買う商品の場合、どんなに「認知」「興味」関門の打ち手を打ってもお店に並んでいなければ意味がありません。せっかく買っていただいても、商品・サービスが悪ければリピートにつながりません。

　「ファン」を増やすとは、ファンをバケツに貯めていく（お客様に対して失礼な表現ですが、モノの喩えとしてお許しください）ようなものです。打ち手の「モレ」があると、バケツから水

がモレていくように、ファンが貯まっていかないのです。

　マインドフローの7つの関門、全てについて「モレ」のないようにすることで、「ファン」が増えていくわけです。

　モレを止めた成功事例として、そごう柏店の事例を紹介します。

　『そごう柏店（千葉県柏市）は昨年秋から、視覚の衰えがちな70歳以上に配慮し、店内表示の見直しを進めている。視覚の衰えた高齢者は、足元の安全を確認するために下を向きながら歩きがちだ。そこで、ウオーキングシューズの売り場では高齢者の目線に合わせて、通路に大きな文字で「街を歩く」など利用する場面をわかりやすく表示した。表示をつける前に比べて、売り上げは5割増となっているという』（『　』内は2013/11/08 日経MJ P.1）とのこと。

　高齢のお客様は、そもそも店内表示に気づかないわけですね。「知らなければ、買わない」のですから、まずはどこにどんな売り場があるのかを知らせる必要があります。

　売り場の存在に気づかなければ、そもそもその売り場に来ようとしないわけです。

　売り場を「認知」させるという打ち手の「モレ」をふさぐことで、売上が5割増（！）となったわけです。バケツの穴を見事ふさいだ良い事例です。

●打ち手の「モレ」が起きる理由：考え方が体系的でない

　なぜ打ち手に「モレ」が生じるのでしょうか？

　1つの原因として、打ち手を考えるときに体系的に考えていな

いということがあげられます。カン・経験だけで考えると、思考方法が体系的ではないためにモレが出やすくなります。

　ある商品・サービスが売れていないという場合、何の検証もせずに「売れていないのは商品・サービスが悪いのだから、商品・サービスを改善せよ」と考えるのは、短絡的です。認知〜愛情関門のどこで止まっているのかを考え、その止まっているところを改善すべきなのです。商品・サービスではなく「認知」「興味」関門における「伝え方」に売れない原因があったのだとすれば、商品改善をしても売れないでしょう。

　いわゆる「ブレーンストーミング」（以下ブレスト）は、モレが起きやすい発想方法です。ブレストは「自由に考える」発想法ですが、それがまさにブレストの強みでもあり、弱みでもあります。

　ブレストでは「何でもいいから」意見をまずは出していきます。その後でアイディアの体系的な整理を行えばよいのですが、自由に考えたものをそのまま実行していくと、打ち手にモレ・ムダが生じます。

　ブレスト自体は悪いものではありませんが、ブレストで出たアイディアをマインドフローの関門ごとに整理することで、どの関門のアイディアが出ていないか、などのモレをチェックできるようになります。

　もしくは、マインドフローの関門ごとにブレストをするという手もあります。例えば「これから認知関門を越える打ち手を自由に考えよう」というように、「制限付きの自由なアイディア」をブレストで出していくというのは良いやり方かと思います。

●顧客の「障害」を除去することで「モレ」が減る

　今まで使ってきた「モレ」という言葉は、売り手から見たときの言葉です。

　「モレ」をお客様の視点から見ると、「障害」となります。例えば「店の場所がわかりにくい」という「障害」があるので、「店に行く」という「行動」をとらないわけです。

　「モレ」はすなわち「障害物」ですから、その「障害」をなくす・低くすることで、モレにくくなるわけです。

　マーケティングにおいては、「お客様の嬉しさの最大化」が極めて重要です。これは、「プラスの要因を増やす・強める」ということです。

　それと同様に、「障害の最小化」（=「モレ」を減らすこと）も重要です。これは「マイナスの要因を減らす」ということです。

　お客様がどんなに「欲しい」と思っても（プラスの要因）、「店に置いていない」のであれば（=障害物がある）、買いたくても買えません。プラスを増やすという「価値の向上」、マイナスを減らすという「障害の除去」は、両方とも大切です。

(2) 打ち手の「ムダ」：家の中で傘をさしていないか？

●打ち手のムダ：家の中で傘をさしていないか？

　打ち手の「モレ」と並んで起きやすい「間違い」が打ち手の「ムダ」です。

　打ち手の「ムダ」とは、雨が降っているときに、屋内で傘をさすようなものです。雨が降っているのだから傘をさしてもよいですが、屋内では「ムダ」でしょう。

第1章　理論の章

　経営における打ち手の「ムダ」を改善して、増客に結び付けようとしたわかりやすい例を紹介しましょう。シネコンの事例です。

　『シネコン各社の割引などのキャンペーンは、映画館内での告知がほとんど。そのため、利用者もほとんどが熱心な映画ファンで、それ以外の層へのアピールが難しい。イオンエンターテイメントはイオンのグループ力を活用し、イオンカードの会員向けに、カード明細書に、映画パスのチラシを同封し、従来の映画ファン以外の層の取り込みを目指す。
　イオンカードの会員は13年9月末で2287万人。イオンシネマは600超のスクリーンのうち、イオンの商業施設内にあるものが約9割で、イオンカード会員との親和性は高い』(『　』内は2013/12/11日経MJ P.9)

　シネコンのキャンペーンを映画館で行うと、既存顧客（＝映画館にいらした人）のリピート促進には有効ですが、映画を見に来ていない新規顧客には到達できないわけです。ですから、映画館で映画館に来ない方に向けた打ち手を打つのは、「ムダ」です。
　マインドフローで言うと、映画館に来ている人というのは既に「購買」「利用」関門を越えているお客様です。その方々に映画の「認知」「興味」を促進するためのキャンペーンは無意味なのです。
　そこで、イオンは映画館に来ていないイオンカード会員に対して、いつも来ているショッピングセンターにある映画館に来ませんか、という販促をしたわけです。これなら新規顧客獲得策としての意味がありますね。
　ものすごく単純化しますと、あなたは親友に対して「こんにち

は、私の名前は○○です」という自己紹介はしないですよね？それは別に悪くはないにしても「は？　何を今更？　知ってるよ」という「ムダ」になるわけです。あなたの商品・サービスをよく知っている人に対して、そのよく知っている内容を伝えてもあまり意味はないのです。

●**打ち手のムダが起きる理由：数値化していない**

　打ち手の「ムダ」が起きる原因の1つは、先ほどの打ち手の「モレ」の原因である「考えが体系的でない」ことですが、「ムダ」が起きるもう1つの原因は「数値化」の欠如です。

　後ほど詳解いたしますが、マインドフローの各関門は全て数値化できます。

　例えば「認知」関門は、自社商品・サービスの顧客ターゲットにおける「認知率」「認知者数」として計測できます。「購買」関門も、同様に「購買率」「購買者数」として計測できます。

　これらが数値化できていれば、例えば「認知率が99％」であれば「認知を促進する打ち手」はムダであることはすぐにわかります。それ以上の上昇の余地がほとんどないからです。

　このように、マインドフローを使って打ち手を体系的に考え、数値化することで、効果的・効率的な施策が打てるようになるのです。

(3) マインドフローで「モレ」と「ムダ」を減らそう

●**モレもムダも、根本原因は同じ**

　打ち手の「モレ」と「ムダ」は、「現象」としては違うもので

す。「モレ」は、手を打つべきところに打ち手を打っていない、「ムダ」は打たなくてもよいところに打ち手を重ねてしまっている、ということです。

しかし、「打ち手を打つべきところに打っていない」という意味で「モレ」も「ムダ」も同じことです。

打ち手が「お客様のココロの流れ（＝マインドフロー）と合っていない」というところが「モレ」「ムダ」の根本原因です。

打ち手の「モレ」と「ムダ」があると、いくら頑張っても効果が現れません。「頑張っているのに、売れない」というような場合は、打ち手の「モレ」とムダを疑う必要があるのです。それに最適なのが、マインドフローというわけです。

●「技術」や「商品力」に自信があるほど、「知らせる」ことを怠りがちになる

私の経験では、「技術」や「商品力」に自信がある会社・人ほど、「知らせる」「伝える」ことを怠りがちになります。「うちには技術力があるから売れる」「商品が良いから売れる」と思ってしまい、「認知」「興味」関門の打ち手が薄くなるのです。

しかし、繰り返しますが買う前に大事なことは「良い」ことよりも「良さそう」に感じていただくことです。「技術力」も「商品力」も、お客様に伝わってこそ意味があるのです。

「お客様はそもそも知っているのか」という「認知」関門などをマインドフローでチェックすることで、このような「モレ」に気づきやすくなるのです。

●マーケティングは「確率論」。計算ずくで確率を上げよう

　マーケティングは、「確率論」です。「絶対に売れる方法」などはありません。もしあったら、各国の奪い合いになるでしょう。その方法を独占すれば、自国だけ経済を超拡大できるからです。
　「確率論」と申し上げているのは、ある特定のAさんがあなたの商品・サービスのファンになるかどうかはわかりません。あるセールストークがAさんに刺さるかどうかは、「運」の意味合いも大きいでしょう。しかし、1万人の方についてみれば、その何％がファンになるかは、ある程度計算できる、ということです。
　一人ひとりで見れば「運」でも、大きく見れば「確率論」です。
　「モレ」と「ムダ」を減らす、というのは、マーケティングを「運」に任せるのではなく、計算ずくで「確率を上げよう」ということなのです。

3 │ お客様がファンになるまでの「顧客の物語」を描こう

ミニケース

ある靴屋のスタッフさん。その靴屋では売り場が靴メーカー別に分かれています。お客様応対をしていると、Aメーカーの棚に行ってそのお客様の足のサイズに合った靴を探し、次にBメーカーの棚に行ってそのお客様のサイズに合ったものを、そしてまたCメーカーの棚に行って……と、お客様も自分も面倒だと感じていました。

> あなたがこのスタッフさんなら、店の店長さんに売り場についてどのような提案をしますか？

（1）「ファン化のプロセス」は、切れ目のない「顧客の物語」

●関門の定義の前に、「顧客の物語」を作ろう

マインドフローの関門は7つあります。

「認知」→「愛情」というマインドフローの流れは、お客様が知ってからファンになるまでの切れ目のない「顧客の物語」です。**「顧客の物語」における顧客と自社の「交点」がマインドフローの各関門となる**のです。

お客様が知って、買って、使って、ファンになるという「顧客の物語」においては色々なことが自社の側でもお客様の側でも起きるでしょう。自社の物語は自社でわかりますが、「顧客の物語」を詳細に把握した上で、キーポイントとなるお客様の行動を「関門」として定義するわけです。

自社商品・サービスのマインドフローを考えるにあたって必要なことは、まずはこの切れ目のない「顧客の物語」を把握し、描き出すことです。

例えばお客様が新聞広告を見て自社商品・サービスを「認知」するにしても、どんな新聞をいつどこで読むのか、などの情報が最低限必要です。というのも、新聞を家で読むのであれば気になる情報を切り取ってどこかに置いておくかもしれません。しかし

会社の新聞を読むのであれば切り取れませんから、何らかの形でその情報を覚えておいていただくか、スマホで撮影していただくか、QRコードから詳細情報をご覧いただくか、といった工夫が必要になるからです。

その新聞を何分間・何秒間かけて読むのか、も大事な情報です。スミからスミまで丹念にお読みいただく方であれば、商品・サービスの詳しい情報を載せてもよいかもしれません。新聞を1分間でざっとチェックするだけなのであれば、詳しい情報よりも、大きく目立つキャッチコピーや写真のほうが良いでしょう。

「売り場作り」にもこのような「顧客の物語」が必要です。例えばお客様がビジネス用の靴を買うとしましょう。百貨店や靴店で靴を買うとして、重要な情報は「サイズが先か、デザイン・ブランドが先か」です。

お客様が「まずはデザイン・ブランド」で選び、その中で自分の足に合う「サイズ」を選ぶ、という「物語」で動く場合は、現在靴売り場で一般的なデザイン・ブランド別の売り場でいいでしょう。

そうではなく、お客様が「まずはサイズ」で選び、自分の足にフィットしたものの中で気に入ったデザイン、という「物語」で動くのであれば売り場はデザインではなく「サイズ」で分けるべきです。デザイン・ブランドを全部バラして、「サイズ別の売り場」を作ることになります。靴はメーカーによってサイズが若干違いますから、そのサイズの違いも踏まえてサイズ別に並べた売り場があれば、このような選び方（＝顧客の物語）をするお客様には嬉しいでしょう。実際そのような売り場作りをしている靴店もあります。

この「売り場作り」の考え方は、「カタログ販売」の場合も同じです。お客様は、カタログのどのページから先にめくっていき、どこで目を止めるのか、という情報があれば、カタログの誌面作りに有効な情報となるでしょう。

このように、具体的で切れ目のない「顧客の物語」にはたくさんのヒントが詰まっています。「顧客の物語」を把握することがマインドフローを作る上での出発点となります。

● 「顧客の物語」の例：私がラーメン店「一蘭」に通うようになった物語

お客様の「物語」とは具体的にどのようなものか、私の例について考えてみます。このような事例はなかなか表に出てきませんし、本当にホンネの部分はわからないものですので、自分自身の例が一番正確かと思い、取り上げることにします。

私はラーメンが大好きなのですが、その中でも「一蘭」というトンコツラーメンの店が大好きです。行った回数は正確には数えていませんが、少なくとも百回以上だとは思います。

初めて行ったのはもう十数年前の話で、記憶に頼っている部分も多々あり事実誤認があるかもしれませんが、あくまでも「例」としてご容赦いただければ幸いです。

初めて一蘭で食べたのは博多でのことです。福岡に出張に行ってあるホテルに泊まり、夕食をとる場所を探しました。まずはそのホテルの食堂街に行って店を探したところ、真っ赤で目立つ「トンコツラーメン」の看板に気づきました。店頭にはラーメンの写真などもあり、足を止めて写真やラーメンづくりのこだわりなどを読み、おいしそうでしたし、ホテルを出て探すのも面倒

だったので店に入りました。食券を買って注文すると、ラーメンの味の注文票（麺の固さ、秘伝のタレの量などが調整できます）を書きます。初めてですので麺の固さ以外は「普通」を選んで注文し、食べてみると大変おいしく、驚きました。もちろん替え玉（麺だけのおかわり）もして、大満足。また来ようと思ってよくよく名前を見ると「一蘭」というお店であることがわかりました。店舗一覧（名刺大の小さなものです）をもらうと、福岡県内にいくつかの店舗があるようです。

次に福岡出張に行ったときには、一蘭の別の店（天神店）に入りました。その店の味は私の好みに最高に合い、今までに食べたラーメンで一番おいしい、と感動し、一蘭の色々な店に行くようになりました。注文票の記入にも慣れて自分の味の好みと合うようになるともうヤミツキ、以後今まで通い続けています。

これ以外にも細かい物語はありますが、（店頭の何を読んでどう感じたか、おいしいと感じさせた要因は何か、など）、「顧客の物語」としては最低限これくらいは必要です。1人のお客様の「顧客の物語」をきちんと作ろうとすると、本書の20ページ分くらいのボリュームになるでしょう。「顧客の物語」をそれくらい緻密に描き出すことで、打ち手のモレがあぶり出されてくるのです。

●「顧客の物語」は、自社には見えない

マインドフローの「関門」は、「顧客の物語」においてお客様と自社が交わる重要ポイントです。ですから「顧客の物語」がわからなければ、マインドフローの関門が定義できません。例えばお客様がどうやって自社の商品・サービスを「知る」のかがわか

らなければ「認知」関門が定義できませんし、強引に定義したとしても、お客様の実態とかけ離れたものになってしまうでしょう。

しかし、その「顧客の物語」を知ることは実は非常に大変なことです。というのも、「顧客の物語」は自社には見えない部分が多いからです。

例えば、多くの場合「認知」「興味」が起きる場面は直接自社には見えません。ここはお客様のアタマの中で起きることだからです。

先ほどのラーメン店「一蘭」の場合も、お客様が店頭までいらっしゃればその後のお客様の行動は目に見えます。しかしお客様がどのように自店を知ったのか、例えば友人に聞いたのか、ウェブで調べたのか、たまたま前を通りかかったのか、まではわかりません。

BtoB（法人顧客対象のビジネス）でも、お客様から電話やメールで問い合わせがあったとして、そこから先は何が起きるかはわかるとしても、どのように自社や自社の電話番号を「認知」して自社の何に興味をお持ちいただけたのかはお客様に聞いてみなければわかりません。

また、「利用」関門も見えにくいものです。お客様は自社商品を買ったら「利用」します。しかし、多くの場合「利用」する場所は「購買」の場所とは違います。ガムなどのお菓子の場合、「購買」の場所はお店でしょうが、「利用」するのは電車の中や道を歩きながら、かもしれません。

つまり、お客様がマインドフローの７つの関門を越えていく物語の中で、自社・自分の目の前で起きることはほんのわずかなのです。「購買の瞬間だけ」目の前で直接見える、という場合が多

いでしょう。

「顧客の物語」をご存じなのはお客様だけです。売り手である私たちにも「推測」はできますが、「推測」でしかありません。

となると、「顧客の物語」を知る最善の打ち手は、当然のことながら「お客様に聞く」こととなります。

●物語を知っているのはお客様：「顧客の物語」をお客様にヒアリングしよう

マインドフローの関門を定義するために、まずはお客様は具体的にどのような「物語」で動いたのか、お客様にヒアリングして把握することをお勧めします。

本章の1（2）でご紹介した、2つの図を再度ご覧いただけますでしょうか。

図1-2 BtoCの潜在顧客がファンになるまでの7つの関門（P.48）
図1-3 BtoBの潜在顧客がファンになるまでの7つの関門（P.50）

この図をお客様に話を伺いながら埋めていくわけです。いつどんなことをされたか、そのときは何をお感じになられていたか、という「ココロの動き」「カラダの動き」をヒアリングしていくのです。

BtoC（個人顧客対象のビジネス）の場合、例えば先ほどのラーメン店「一蘭」であれば、私のような一蘭ファンにどこでどうやって知って、その後具体的に何をして……食べてどう感じて……ということを聞いていくわけです。そのときの「ココロの動き」も合わせて聞いていきましょう。恐らくそれを語るには少なくとも30分〜1時間くらいはかかるでしょう。

BtoB（法人顧客対象のビジネス）の場合も同じです。いつど

うやって自社を知って、見積もりをどのように検討して、発注に至るまでにはどのような稟議プロセスがあったか、というのを仔細に把握しておきたいところです。

特に知りたいのが「自社に見えない」部分です。例えば「見積もりが欲しい」というご連絡をいただいた方（仮にAさんとします）は、自社から見えます。しかし、その背後でAさんに見積もりを依頼された方（恐らくキーマン）は自社から見えません。そのような組織の動きなども含めてヒアリングできると、自社ですべきこと・できることは色々とあることがわかるでしょう。

このようなヒアリングを自社から買っている人・買ってない人も含めたターゲット顧客50名くらいに聞くことで、どんな流れで買ったのか、あるいは買わなかったのか、という「物語」が見えてくるはずです。

先ほどの私の一蘭のような「ファンになるまでの」（あるいはならなかった）顧客の物語を50人に聞いてみると、「物語のパターン」のようなものが見えてきます。

厳密に「調査」をするというよりも、「当社の商品の広告を雑誌で見かけられたあと、どうされたのですか？　その後は？」というような感じで、お客様の動きを時系列でなるべく詳しく聞いていくのがよいと思います。

これは効果的な打ち手に直結する非常に有益な「調査」ですので、ぜひやってみましょう。

BtoCの場合は、お客様に直接聞けなかったとしても、お客様ご自身がブログなどで「これを買いました！」といった記事を書いていらっしゃる場合もあります。そのような情報を丹念に集めて、社内にある情報と重ね合わせながら推測していく、というこ

ともできるようになりました。それも有益な方法です。

　私の知人は子育て中に起きる様々な出来事（楽しいこともトラブルも）をツイッターで詳細に発信されています。その方をフォローしていると、子育て関連の商品・サービスの改善点などが次々にわかります。その情報を売れるのではないか、と思うくらいです。自社商品・サービスが属する商品カテゴリーの情報発信をされているお客様のブログ・ツイッターなどを探してみるのもいいかもしれません。

　また、ご自身が買った商品・サービスについては、自分自身が顧客としての「顧客の物語」があるはずです。その物語を一番知っているのは顧客である自分自身です。買わなかった場合にも、「このときにこうしてくれれば買ったのに」というようなことを思われたのであれば、それが「売り手が越えるべき課題関門」だったわけです。自分の購買行動を振り返ってみることは、切れ目のない「顧客の物語」の作り方を学ぶ上で、大変良い練習になります。

(2)「顧客の物語」をマインドフローの関門に落とし込もう

●「顧客の物語」からマインドフローを作ろう

　「顧客の物語」がわかれば、マインドフローを描く準備ができたことになります。

　「物語」におけるキーポイントとなるお客様の動きと自社の打ち手の「視点」がマインドフローの「７つの関門」です。お客様が、お客様のカラダとココロの動きに対して、自社の打ち手がど

のように影響を与えることができたのか、を分析していくわけです。

先ほどのラーメン店、一蘭の場合はこのようになるでしょう。

- 認知：福岡のある店舗の前を通りかかり、店の真っ赤な看板に気づいた
- 興味：店構えや店頭のラーメンの写真などから、おいしそうだと思った
- 行動：足を止めて、店頭に書いてあるこだわりなどを読む
- 比較：他の店を探そうかどうか少し迷ったが、おいしそうかつ近かったので決めた
- 購買：食券を買って、注文する
- 利用：食べて、すごくおいしい。店舗一覧をもらう
- 愛情：一蘭の別の店で食べてさらにおいしいと思う。味をカスタマイズして自分好みにすると、もうヤミツキ

この、どこか1つの関門でもモレがあれば、私は一蘭のファンになっていなかったかもしれません。

例えば、一番最初の「認知」関門のところで、「真っ赤な看板」に気づかなければ、店の前を通り過ぎてしまったかもしれません。すると、ラーメンのおいしさ以前の問題として、そもそも初来店という機会がなかったわけですね。

また、店頭に「ラーメンの写真」がなかったら、おいしそうだと思わずに、やはり通り過ぎてしまったかもしれません。

全ての関門を越えたからこそ、私は一蘭の「ファン」になったわけです。その「モレ」が生じるとまずい（＝お客様がそこで止

まってしまう)重要ポイントが「関門」となるわけです。

● **「顧客の物語」は色々と存在する**
　この「ファンになるまでの物語」は、一通りではなく、お客様によって色々と存在するはずです。
　私は一蘭の前をたまたま通りかかって「認知」しましたが、その「物語」における重要な打ち手は「店頭の看板や掲示物の充実」です。しかし他の方はウェブサイトで「博多 トンコツラーメン」などと検索して一蘭を「認知」するかもしれません。その「物語」における重要な打ち手は「ウェブサイトの充実(検索エンジンの上のほうに来るようにする、地図を載せて場所をわかりやすくする」などでしょう。
　また、他の人は口コミでファンになるかもしれません。実際、私が(半ば強引に)一蘭に連れて行ってそれからすっかりヤミツキになった、という方もいらっしゃいます。これらの「物語」はそれぞれ次のような「流れ」になります。
　・看板→店頭→入店→リピート
　・ウェブサイト検索→地図で探す→入店→口コミ
　・口コミ→入店→リピート
　このような様々な「物語」そして「流れ」を作り出すことで、ファンが増えていきます。
　そして、この**「物語」が多いほど、ファンになる確率が高まります**。ファンになるまでの「流れ」の中での「モレ」を減らし、また「流れ」を増やすことで、ファンになる確率を高められるのです。

（3）顧客によって「物語」が変わる

●顧客によって「物語」が変わる：「物語」によるセグメンテーション

「顧客の物語」は、「人」によって異なります。ラーメン店「一蘭」の場合、地元の方に「認知」していただきたいのであれば、看板をさらに目立たせる、近隣にチラシを配る、などが有効な打ち手でしょう。

しかし、旅行客の場合は店の前を通りかかることはあまり期待できません（私のケースは、本当に偶然、ということです）。旅行客に「認知」していただきたい場合は、むしろ福岡空港や博多駅に広告を出したほうがよいかもしれません。

このように、狙いたい顧客が変われば打ち手が変わります。

逆に、この「顧客の物語」が同じであれば、「人」が違ったとしても同じ顧客セグメントとして括ってよいかもしれません。打ち手が同じになるからです。

例えば、子どもがいる親は外出しにくく美容院に行けない、ということがあります。そこで『マーケティング支援のイデアシステム（東京・新宿）は美容室向けの集客支援サービスを本格展開する。母親が支払った美容代に応じて、保育所や託児施設を利用できる無料クーポンを配布する』『同社が美容室に６カ月以上行ったことがない母親らに理由を尋ねたところ、育児を挙げた人が回答項目の中でも上位を占めた』とのこと。

美容院に「行きたくても行けない」という「購買」関門での障害があるためにそこで「モレ」が生じているわけです。

そこで『同社は保育所や託児施設を手軽に低価格で利用でき

るようになれば、美容室にも来店しやすくなるとみている。3月に埼玉県川越市などで先行して実施したところ、来客数が以前に比べて増えたという』という結果が得られています（『』内は2013/05/03 日経MJ P.9）。

購買関門における障害を減らし、来やすくすることで、「来客数が以前に比べて増えた」わけです。「バケツの穴」がふさがれた、ということです。

そして、この「物語」は小さな子どもがいる親に特有であり、他の方にはあてはまらないのです。逆に、「小さい子どもがいる」のであれば、その親が20代であろうと40代であろうと、同じ物語を共有しますから、同じ打ち手でカバーできます。

仕事が忙しいビジネスパーソンなら、「長時間労働」が購買関門における障害となるかもしれません。仕事が終わる20時には美容院は閉まっています。となると、打ち手が変わります（長時間営業にするなど、ですね）。

子育てママであれば「子育て」が、忙しいビジネスパーソンであれば「来店時間」がそれぞれ「課題」になります。その「課題」の違いをあぶり出すのが「顧客の物語」なのです。

● **マインドフローを考える前に、顧客像を定義しよう**

物語が顧客セグメントによって異なるわけですから、顧客を定義しなければこの「顧客の物語」すなわちマインドフローが正確に描けない、ということになります。

顧客が誰かによって、
- 認知：接触媒体・広告媒体などのアプローチ手段
- 興味：ニーズを喚起する「刺さる」コピーなどの表現方法

● 購買：購入場所・チャネル

などが変わってきます。

ですから、**マインドフローを考える・描く前に、顧客像を具体的に定義しましょう。**そしてその顧客に、「顧客の物語」をヒアリングしていくわけです。

例えば**「20代女性」という定義ですと、顧客像の定義として粗すぎます。**「20代女性」には

・都心で遊び回る20才の大学2年生
・毎日残業で夜遅く帰宅する25才の独身キャリア女性
・共働きで子どもがいる27才のキャリア女性
・子ども2人の世話をする29才の専業主婦

など、読む雑誌、出かける場所、行くお店、買うモノ、などが全く異なる方々が全て入ってしまいます。

これでは「顧客の物語」が余りに違いすぎ、打ち手が無限に広がってしまいます。

BtoB（法人顧客対象のビジネス）の場合でも同様に、例えば「顧客像」が「大企業」という定義では粗すぎるのです。

東証一部上場企業と言っても、トヨタ自動車株式会社とクックパッド株式会社（共に東証一部上場です）ではニーズが全く違うでしょう。売上高・従業員数はそれぞれ26兆円と34万人、66億円と207人です。トヨタは自動車の生産・販売、クックパッドはレシピ提供・広告販売と事業内容も全く違います。これでは「顧客の物語」が全く異なりますから一緒にしてはいけないのです（トヨタは2014年3月期有価証券報告書、クックパッドは2014年4月期有価証券報告書より）。

「社員数1000名前後のBtoBの会社の営業部門で、10名前後の部

下を統括している営業マネジャー」くらいにまで具体化すると、「顧客の物語」が想定しやすくなるでしょう。BtoBの場合はできれば「あの会社のあの人」と具体的な会社・人を想定したほうが「あの会社のあの人は、どんな新聞を読んで、どんな展示会に行くんだろう？」というような「具体性」を持った「顧客の物語」が考えやすくなります。

●最初にすべきことは顧客像の具体化
　自社商品・サービスのマインドフローを考えるときの最初のステップは、マインドフローを考えることではなく、自社商品・サービスの「顧客像の具体化」です。

　その理由は、ここまでも説明してきた通り、顧客により「顧客の物語」が変わるからです。**ターゲット顧客が３通りあるなら、マインドフローも３通り**になります。

　ターゲット顧客を具体化する際のポイントは、「セグメンテーション」です。セグメンテーションとは、顧客をある切り口で「分ける」ことです。分けられた１つ１つのグループを「セグメント」と呼びます。

　そして「ターゲット顧客」は、その分けられた顧客セグメントのうちで、自社が買ってほしい顧客です。なぜ分けて狙うかというと、全員には売れないからです。ここでは詳論を避けますが、ターゲットを無闇に広げると誰に売るべきかが曖昧になり、むしろ売れなくなるケースが多くあります。

　よく使われるセグメンテーションの「切り口」は次のようなものです。

○BtoC（個人顧客対象のビジネス）
- 属性：性別、年齢、職業、年収、居住地、婚姻状態、子供の有無、家族構成、車の有無、など
- ライフスタイル：趣味、よく読む雑誌、よく遊びに行く場所、など

○BtoB（法人顧客対象のビジネス）
- 基本情報：企業規模（従業員数、年商）、業種業態、所在地、取引先、など
- 売上・利益：売上金額とその成長率、利益金額とその成長率、利益率とその成長率、など
- 統治方法：株主構成、社長の性格・やりたいこと、組織、など

　現実には「分ける」というよりも「括る」といったほうが実用的でしょう。同じニーズを持つ人・企業で「ニーズで括る」わけです。

　例えば、「カフェでお茶を飲みながらゆっくり読書したり勉強したりする人」を性別・年代で「分ける」のは難しいです。17才の受験勉強中の高校生も、68才の新聞を読む高齢者も、それからカフェで本を書く私（中年男性）も入ってしまうからです。それよりも「お茶を飲みながらゆっくり読書・勉強したい」というように「ニーズで括る」ほう適切です。

　ニーズで括った上で、具体的にどんな人・会社か、と具体化し、「切り口」を決めていくのが望ましいです。

4 「戦略」とマインドフロー

ミニケース

ある街の中小企業診断士さん。顧問先の小規模化粧品メーカーの社長さんが、最近こんなことをおっしゃっています。「うちのお客様は『20代女性』なんだけど、うちの会社はそのニーズを本当に理解できてはいないように思う。何が問題なんだろう？」

この社長さんにどのようなアドバイスをすればよいでしょうか？

● **戦略の5つの要素、「戦略BASiCS」**

マインドフローの理論の大枠の説明は、これで終わりです。マインドフローは、「知って、買って、使って、ファンになる」という顧客のココロの流れから打ち手を考える、というシンプルな考え方です。

ここでちょっと戻って、マーケティング「戦略」について考えてみましょう。というのも、そのマインドフローの前提として「マーケティング戦略」があるからです。

マインドフローの中核となるのが「顧客」です。**誰を顧客にするかでマインドフローが変わりますから、マインドフローを考える前に「顧客ターゲット」を決める必要があります。**

その「顧客」をどのように決めるかというのがマーケティング戦略（の一部）ですから、マーケティング戦略が決まっていなければ「顧客」が決まらず、マインドフローも描けない、というこ

とになります。

そこで、マーケティング戦略を考える方法について、ここで簡潔に説明しておきたいと思います。

マーケティング戦略は、以下の5つの要素で考えると考えやすく実行しやすい、というのが私の結論です。

1）戦場・競合　Battlefield
2）独自資源　　Asset
3）強み　　　　Strength
　　　　　　　　i
4）顧客　　　　Customer
5）メッセージ　Selling message

経営戦略・マーケティング戦略と呼ばれる理論は多くありますが、それらの要素をまとめあげたのがこの5つの要素です。それぞれの英語の頭文字を取るとBASiCS（ベーシックス、iは語呂合わせ）となります。様々な戦略理論の「いいところどり」をした理論です。英語では「基本」という意味ですが、戦略の本質という意味も込めてこの考え方を**戦略BASiCS**と名付けました。

BASiCSの5つの要素ごとに、考えるべき質問は1つずつあります。戦略BASiCSは5つの質問を考え抜くことで戦略ができる、マーケティング戦略の立案・実行の使いやすい道具です。

ではこのマーケティング戦略の5つの要素、戦略BASiCSを解説してまいりましょう。本書の主題はマインドフローですので、戦略BASiCSの説明は簡潔なものといたします。

解説の順番は、「C：顧客」から入ることにします。どの要素か

ら考えても構いません。というのも結局は5要素全体の一貫性を取りますから、どこから入っても最終的には同じになるからです。

ただ、マーケティングの考え方において一番重要なのが「顧客」ですから、顧客から入ることにしましょう。

(1) C：顧客　自社の強みを選ぶのはどんな人か?

まずは自社が狙うべき顧客像を徹底的に具体化しましょう。全ての顧客ニーズには応えられません。どの顧客のニーズに応えるかによって取るべき行動が全く変わりますから、「顧客の定義」が極めて重要になります。

どのくらい具体化するかというと、BtoC（個人顧客対象のビジネス）では「1人の顧客」まで、BtoB（法人顧客対象のビジネス）でも「1社の1人の顧客」までです。

先ほどあげた「20代女性」の例のように、「20代女性」には学生、独身キャリア女性、共働き、専業主婦、などニーズが全く違う人たちが全て入ってしまいます。これでは「20代女性」の顧客ニーズがわかるはずがありません。

顧客像を具体化することでニーズがより深くわかるようになります。**顧客ニーズがわからない、という場合の最大の理由の1つがお客様を「20代女性」のように粗っぽく捉えてしまっていることなのです。**

「20代女性」という粗い定義ではなく、最低限「0～3才前後の子どもの世話をする29才の専業主婦」くらいには具体化しておきましょう。そうすれば、顧客の物語に基づく自社の打ち手がある程度統一感を持ったものになります。

そうすると顧客数が減るように思われますが、「0〜3才前後の子どもの世話をする29才の専業主婦」であれば、男性（主夫）であろうと女性（主婦）であろうと、29才であろうと40才であろうと、「顧客の物語」はかなり共通します。**顧客像を具体化して「顧客の物語」を作った後で、その「物語」を共有する他の顧客へと広げていけば、顧客は広がるものです。**

「それでも客数が少なすぎる」という場合は、また別の「顧客の物語」として「共働きで子どもがいる27才のキャリア女性」の顧客の物語を考え、それに基づく戦略や打ち手を考えていけばよいのです。

BtoB（法人顧客対象のビジネス）でも同様に「中小企業」という顧客の定義では粗すぎます。日本には中小企業は何百万社もあります。どんな中小企業のどんな人か、まで具体化しましょう。

(2) B：戦場・競合　顧客にとっての自社以外の代替選択肢は？

●競合は「自社以外の代替選択肢」、戦場は「ニーズ」

「C：顧客」の次は、「B：戦場・競合」を見ていきましょう。

突然ですが、「マクドナルドの競合」は誰ですか？　最初に思いつくのは、モスバーガーなどの「同業種の競合」でしょう。

しかし、「コーヒー休憩」というニーズを満たしにマクドナルドに行く場合の「競合」はドトールやスターバックスなどのカフェでしょう。また「休日に家族で楽しい昼食をとりたい」というニーズを満たしに行く場合のマクドナルドの「競合」はファミレスや回転寿司でしょう。ニーズによって競合が変わるのです。

お客様は自分のニーズを満たすために商品・サービスを購買します。大事なのは「自分（お客様）のニーズ」であって売り手の業種業態ではありませんから、**同じニーズを提供している商品・サービスは、業種業態に関わりなく競合となる**のです。

　BtoBでも異業種間競合が起きます。広告代理店（テレビCM）、印刷会社（DM）、リクルート（雑誌広告）、Google（ネット広告）などが企業の広告費を巡って競合しています。「自社商品の認知度・売上向上」などのニーズを満たすものであれば、お客様（例えば企業のマーケティング部門）にとってはその手段は何でもよいわけです。

　このように、**競合とは、顧客があるニーズを満たしたいときに**「どれにしようかな？」と迷う、「**自社商品・サービスの代替選択肢**」なのです。「自社（の商品・サービス）がなかった場合に、顧客が何をするか」が本当の競合です。

　そして、「戦場」は、「自社とその競合」から構成されます。「競合」は先ほどのマクドナルドの例の通り、顧客ニーズによって変わりますから、競合は「同じ顧客ニーズを満たす代替手段」であり、その競合（と自社）で構成される「戦場」は「顧客ニーズ」そのものとなります。マクドナルドの場合、「コーヒー休憩」という顧客ニーズにおいてはカフェと競合する「コーヒー休憩戦場」で、「休日に家族で楽しい昼食」という顧客ニーズにおいては「休日に家族で楽しい昼食戦場」で戦っているということになります。

●自社は何屋か？

　このことから、マクドナルドは「ハンバーガー屋」ではなく、

コーヒー休憩されたい顧客にとっては「コーヒー休憩屋」となることがわかります。そして「休日に家族で楽しい昼食をとりたい」というニーズを満たしたい顧客にとっては、「家族の楽しい昼食屋」となります（だからおもちゃ付きメニューや子供が遊ぶスペースなどがあるわけです）。

　あなたは何屋ですか？　あなたはあなたの「売り物」屋ではなく、お客様のニーズ充足を売る「ニーズ屋」さんなのです。そしてそのときの「自社以外の代替選択肢」が競合です。

　そしてニーズは人によって違いますから、「Ｂ：戦場・競合」を考える前に、「Ｃ：顧客」を具体化する必要があります。どんな人の、どんなニーズを満たしたいか、というのは自社の戦略を考える上で、極めて重要な質問なのです。

(3) Ｓ：強み　お客様が競合ではなく自社を選ぶ理由は何か？

●強みは競合との嬉しさの差

　ここまで「Ｃ：顧客」「Ｂ：戦場・競合」と考えてまいりました。この２つが決まると、次の「Ｓ：強み」が決まります。

　「強み」は**「お客様が競合ではなく自社を選ぶ理由」**です。「強み」は性能や技術の差ではなく、**「お客様の嬉しさの差」**です。

　ノートパソコンの「競合より薄くて軽い」は「モノの差」です。「競合より持ち運びやすい」ことは「嬉しさの差」です。0.1mm、0.1ｇ軽くても「モノの差」はありますが、「嬉しさの差」になっていなければ、それは「強み」とは呼べない、ということです。「強み」は「お客様が選ぶ理由」なのです。

●強みは「誰にとって？」「誰と比べて？」

　強みを考える際は、「誰にとって」（C：顧客）、「誰と比べて」（B：戦場・競合）という、ここまでの２つの要素との一貫性を考える必要があります。

　例えばマクドナルドの「強み」を考えてみましょう。「仕事中に休憩したいビジネスマン」（C：顧客）にとっては、「B：競合」（その利用場面における代替選択肢）はスターバックスなどのカフェとなり、マクドナルドの「S：強み」（＝競合ではなくマクドナルドに行く理由）はコーヒーが安いことやパソコンを使うための電源席かもしれません。「休日にみんなで楽しい昼食をとりたい家族」（顧客）にとっては「競合」はファミレスや回転寿司となり、マクドナルドの「強み」は「ハッピーセット」（おもちゃ付きメニュー）かもしれません。

　「強み」を「誰と比べて」（B：戦場・競合）、「誰にとって」（C：顧客）というBASiCSの他の要素と合わせて考えなければ、「誤った強み」を導き出してしまいかねませんので注意しましょう。

(4) A：独自資源　「強み」が競合にマネできない理由は何か?

●独自資源は「強みが競合にマネできない理由」

　戦略の要諦は、先ほどの「S：強み」（＝お客様が競合ではなく自社を選ぶ理由）を作ることです。しかし、その「強み」が競合にカンタンにマネできるものでは、危うい戦略となります。

　マクドナルドの子供向け人気メニュー「ハッピーセット」は、ポケモンなどのキャラクターを使ったおもちゃで人気です。他の

ファストフード店がマネしてきてもよさそうですが、マネできない理由があるわけです。恐らくマクドナルドの店舗数が多いために売上見込みが大きく、キャラクターの提供会社がマクドナルドとの取引を優先するということかと思います。

この**「強みが競合にマネできない理由」が「Ａ：独自資源」**です。「Ｓ：強み」と似ているように見えて、全く違うものです。

「Ｓ：強み」は「お客様が競合ではなく自社を選ぶ理由」ですから、お客様にとって意味のあるものです。例えば「使いやすい製品」などは「強み」（＝選ぶ理由）になるでしょう。

「Ａ：独自資源」は、その「使いやすい製品」を生み出す技術、特許、ノウハウ、人材などです。「独自資源」自体はお客様にとっては意味がありません。しかしその「独自資源」である技術、特許、ノウハウ、人材などがなければその「使いやすい製品」は作れない、ということです。

そしてその**「独自資源」（技術、特許、ノウハウ、人材など）が「独自」だからこそ、それを活かした「強み」を競合がマネできない**、という関係です。

多くの経営理論はこの「独自資源」と「強み」を混合してしまっているために混乱を招いてしまいます。その結果、効果的な戦略が作りにくくなるのです。

例えば「我が社の強みは人材だ！」というようなことは言われますが、BASiCSの定義の下では、「人材」は「強み」ではなく「独自資源」です。人材自体はお客様にとってはどうでもよいものだからです。その「人材」（独自資源）が生み出す「心地よい接客」「使いやすい製品」などが「強み」として、お客様に価値をもたらすわけです。

「技術」も同様です。「技術」自体はお客様にとって無意味です。技術が可能にする使いやすい製品などがお客様に価値をもたらすのです。この「独自資源」と「強み」を分けて考えることは、効果的な戦略を作り出す上で非常に重要なことですので、ぜひ意識されてみてください。

(5) Sm：メッセージ　顧客・社内に強みをどう伝えるか?

●社内と顧客に伝わって初めて戦略の成果が出る

　通常の戦略理論は、ここまで説明した4つの要素で終わりとなります。しかしそれでは戦略が「絵に描いた餅」となります。社内に浸透して組織を実行へと導き、そして顧客まで伝わって、やっと戦略が成果を出すのです。

　ですから戦略を社内に、そして顧客に伝える「メッセージ」が戦略の1要素として必要になる、と（戦略論としては異端ですが）私は考えています。

●「強み」を伝えるメッセージ

　メッセージで伝えるべきは基本的には「S：強み」です。「強み」の定義は「お客様が競合ではなく自社を選ぶ理由」ですから、お客様に強みを伝えれば「選ばれる」すなわち「売れる」はずです。

　また、社内にも自社の「強み」はこうであるべきだときちんと伝えて従業員に理解してもらえれば、その「強み」（＝お客様が競合ではなく自社を選ぶ理由）を作るよう頑張るはずです。

強みを「Sm：メッセージ」として顧客・社内にきちんと伝えることで、**戦略が実行されて成果を生む**のです。
　これで「戦略BASiCS」の説明は終了となります。「戦略BASiCS」は、戦略を考える際に大変使いやすいフレームワークです。さらに詳細にお知りになられたい方は、本書の姉妹書『図解　実戦マーケティング戦略』（日本能率協会マネジメントセンター刊）をご覧いただければと思います。

(6) 戦略BASiCSとマインドフロー

●戦略を「顧客の物語」として打ち手に落とすマインドフロー

　この戦略BASiCSとマインドフローの関係ですが、戦略BASiCSは「戦略」を考える道具で、マインドフローはどちらかというと「打ち手」に近い道具です。「打ち手」は戦略によって統括され、逆に戦略を実行するものが「打ち手」です。そしてマインドフローは、その「打ち手」を顧客視点で再構成するものです。
　マインドフローは、「知って、買って、使って、ファンになる」というお客様にとっての時系列で考えていくものです。
　つまり、戦略BASiCSは「打ち手」を「自社」にとっての視点から構成しようとするものであり、マインドフローは「打ち手」を「お客様」にとっての視点から構成しようとするものだ、と言えます。
　「戦略」を「打ち手」に落とした上で、その「打ち手」を顧客視点でチェックしていくのがマインドフローの役割でもあります。
　例えば、戦略BASiCSの「Sm：メッセージ」は、マインドフローの「認知」「興味」関門でチェックされます。メッセージを

図1-6 マインドフロー=戦略BASiCS

戦略BASiCS					
	B: 戦場・競合	A: 独自資源	S: 強み	C: 顧客	Sm: メッセージ
認知				C: 顧客はどこにいて、メッセージをどう届けるのか? Sm: どんなメッセージが顧客の「興味」をひき、「行動」につながるのか?	
興味					
行動					
比較	S: 強み=「B: 競合」ではなく、自社を選ぶ理由は何か? A: 独自資源=その強みを「B: 競合」がマネできない理由は何か? C: 顧客=ファンになったのはどんな顧客か? その顧客がファンになった「物語」は?				
購買					
利用					
愛情					

(左側ラベル: マインドフロー)

伝えて顧客の「興味」をひかないのであれば、それはメッセージに問題がある、というチェックになります。

戦略BASiCSの「B:戦場・競合」「S:強み」はマインドフローの「比較」関門でチェックされます。「S:強み」(=お客様が競合ではなく自社を選ぶ理由)があれば、競合と「比較」されても自社が選ばれるはずです。

戦略BASiCSの「C:顧客」はマインドフローを考える上での大前提です。「C:顧客」によってマインドフローの流れ=「顧客の物語」が変わります。また、マインドフローの「愛情」関門を越えた顧客(=ファン)は、自社の「C:顧客」として大事にすべき顧客となります。

このように、**戦略を自社の立場から考える戦略BASiCSと、打ち手を顧客の立場からチェックするマインドフローは、相互補完的であり非常に相性が良いのです。**

戦略BASiCSを考えてからマインドフローで打ち手に落とし込み、それをまた戦略BASiCSでチェックする、という方法は「戦略」と「打ち手」、「自社」と「顧客」という対立しがちな概念を統一する、優れた思考方法としてお勧めです。

コラム

文化祭の展示に入ってくれない！

ある中学校での文化祭の話です。生徒が頑張って、トリックアート（だまし絵）の展示を作成したそうです。

しかし、どうにもお客様（来場者）の入りが悪い、ということで生徒たちはその原因を考えました。

「入ってさえもらえれば面白さはわかるはずだが、そもそも何をやっているのかがお客様に伝わっていないのではないか」と思い当たり、早速展示の内容を写真に撮ってポスターとし、廊下に掲示すると、お客さんの入りが改善したとのこと！

展示を見に教室に入ってくれるかどうかは、面白いかどうかではなく、「面白そうか」どうかが重要です。生徒たちは「面白い」展示を作ることは頑張ったのですが、「面白そう」と思わせる打ち手が「モレ」ていたのです。

この生徒たちは、マインドフロー的な考え方を自然に発想したわけです。それに自然と気づくとは、非常に優秀な中学生たちです。将来が楽しみですね！

第 2 章

数値化の章

マーケティング課題を数値化して、課題解決しよう

第1章ではマインドフローの基本的な理論を解説してまいりました。第2章ではさらに進んで、マインドフローを「数値化」し、「モレ」が起きている「バケツの穴」を客観的に把握していく方法を見ていきましょう。

1 課題の「切り分け」を可能にする マインドフロー

(1) お客様視点での課題の「切り分け」

●お客様視点での課題の「切り分け」を可能にするマインドフロー

　マインドフローを使うメリットの1つが「マーケティング課題の切り分け」がやりやすくなることです。

　機械が故障した、例えば車が壊れたというような場合は、故障したのは機械系統か電気系統か、機械系統ならどの部分か、というような原因の「切り分け」をすることは当たり前のことです。

　「モノが売れない」という場合も同じなのですが、マーケティングの場合はその原因をスパッと「切り分け」することが難しいものです。

　マインドフローは、その原因の「切り分け」を可能にします。「知って、買って、使って、ファンになる」というお客様の購買プロセスで分けることで、「お客様がどこで止まっているのか」というお客様視点で課題を「切り分け」ることができるようになります。お客様がバケツの穴からモレていくという「バケツの穴」の喩えで言えば、「穴の場所」がわかるようになるのです。

　商品・サービスが「売れる」「売れない」を決めるのは当然「お客様」です。お客様の「ココロの流れ」（＝マインドフロー）のどこに「課題」があるのかという視点で考えることで、商品・サービスの課題をお客様視点で「切り分け」やすくなるのです。

●ICタグを使った「売れない服」分析

　衣料品・雑貨セレクトショップのビームスが始めた売れない服の原因分析の事例を紹介しましょう。

　『ビームスは昨年9月に新設したブランド「ビーミングライフストア」でICタグを導入した。家族3世代を対象としたカジュアル衣料で、全商品にICタグ内蔵の値札を取り付けている』とのこと。

　ICタグの元々の目的は棚卸し作業の軽減だと思われますが、『ビームスでは、試着室にもICタグの読み取り機の設置を検討している。試着室に持ち込まれた商品を感知できるため、売れた商品と来店客の関心は高いが売れなかった商品、試着もされない商品とに分類できる。結果的に売れなかった商品は「デザインは興味を引いたが、サイズが合わなかった」などの理由が考えられる。原因を追及して修正を加えるなど商品開発に生かせる』(『 』内は2013/01/07 日経MJ P.1の引用) という使い方もあります。

　このICタグで、洋服を3つに分類できます。

　①試着もされなかった服→デザインが受け入れられなかった
　②試着されたが買われなかった服→サイズが合わなかった
　③売れた服→デザインもサイズも受け入れられた

　売れなかった原因がわかれば、打ち手が打てます。

　「①試着もされなかった服」は、②③の服とデザインを比べて、デザインをどう改良すべきかを考えることになります。

　「②試着されたが買われなかった服」はもちろん、サイズのバリエーションを再考することになります。その際には「③売れた服」のサイズが参考になるかもしれません。

　このように、服によって「課題」が違います。このような「課題の切り分け」によって、より正確な打ち手が打てるようになる

わけですね。非常に興味深い試みだと思います。

（2）課題の切り分けの切り札：マインドフロー×4P

●マインドフロー×4Pで、「お客様」と「自社」の両方の視点で課題の切り分けができる

　マインドフローをタテに、打ち手を考える4Pをヨコに取ることで、お客様のココロの流れ（タテのマインドフロー）と自社の打ち手（ヨコの4P）を、同じ表の上で考えられるようになります。

　これが本書の中核ツール、「増客設計図」です。「増客設計図」の考え方自体は既に序章で紹介しています。「増客設計図」を使うことには様々なメリットがありますが、ここで強調しておきたいのは「お客様のココロの流れ」と「自社の打ち手」を同じ表の

図2-1　増客設計図：マインドフロー×4P

4P（打ち手）			
売り物	売り方	売り場	売り値

マインドフロー：
- 認知
- 興味
- 行動
- 比較
- 購買
- 利用
- 愛情

顧客の時系列で課題を切り分け → 自社の打ち手に落とすことで、「顧客」と「打ち手」をつなげる課題解決となる

上で一覧できるようになることです。

　この「増客設計図」がマーケティングにおける「課題の切り分け」の切り札です。タテ（上下）のマインドフローは、お客様がどこで止まっているかという「お客様のココロの流れ」の上での「課題の切り分け」になっています。

　そしてヨコ（左右）の４Ｐは、その課題に対する「打ち手」はどうなっているのか、どうなっているべきか、という「課題解決としての打ち手の検証」となります。

　お客様がどこで止まっているのかという「顧客視点での課題の切り分け」と、「自社の打ち手」を同じ表の上で考えられるため、「モレ」をふさぐ適切な打ち手が打てるのです。

　例えば、お客様は自社商品・サービスを「認知」しているし、手に取った（「行動」）こともあるが、「比較」関門で競合に負けている、という場合は「比較」関門が課題です。これがタテの課題の切り分けです。その上で「売り物」には対競合で「強み」があるという場合、「売り物」ではなく「売り方」に売れない原因がある、すなわち「強みがお客様に伝わっていない」という原因が明確になります。これがヨコの課題の切り分けです。

　この場合は、お客様に「強み」を伝える「売り方」（例えば広告媒体・メッセージなど）を強化すべき、というのが論理的な帰結になります。

　このように、何が売れない原因であり、それに対する打ち手はどうあるべきかという当たり前（であるにもかかわらずマーケティングにおいては相当難しい）課題解決ができるようになるのです。その当然の結果として、打ち手が成果をあげやすくなることは言うまでもありません。

2 数値化による課題分析と解決

ミニケース

大手飲料メーカーの企画担当さん。発売した商品が売れていない原因を調べるように上司から言われました。商品自体に問題があるのか、それとも広告や販促に問題があるのか、客観的に「数字」で出してくれ、と言われています。しかし、そのような原因の切り分けも、数値化もなかなか難しいです。

この企画担当さんは、上司にどのような「数字」を出せばよいでしょうか？ あなたなら、この企画担当さんにどんなアドバイスをしますか？

（1）マインドフローは数値化できる：7関門のどこで止まっているのか？

●課題の「数値化」を可能にするマインドフロー

マインドフローの優れた点はここまで見てきた「課題の切り分け」ができるようになることに加え、もう1つあります。それは課題の優先順位を決めるための「数値化」が可能になることです。

例えば顧客ターゲットの中で「認知」関門を越えた人（＝自社商品・サービスを知っている人）はどれくらいいるのか、という「認知率」は顧客調査などにより計測・数値化できます。

また、「購買」関門を越えた人（＝買った人）は「自社の客数」という形で数値化できるでしょうし、「愛情」関門を越えた人（＝ファン）も、例えば「リピート購入者数」といった形で数値化できます。

数値化できることで、どの関門に課題があるかがわかります。これは大変大きな利点です。

まずは、事例を1つご紹介申し上げます。

日経MJ2010年10月27日号（P.2）に、大変興味深いデータが掲載されました。当時広まりつつあったノンアルコールの「ビール風味飲料」についてのデータです。2009年にキリン（麒麟麦酒株式会社）から「キリンフリー」が、2010年にサントリー（サントリー酒類株式会社）から「オールフリー」が発売され、市場が拡大しつつあったタイミングでのデータです。

その記事から数字を抜粋したのが下表です。

表1　キリンフリーとオールフリー

マインドフロー		キリンフリー		オールフリー
知っている （「認知」関門）		65.3%	＞	31.2%
飲んだことがある （「購買」関門）		31.9%	＞	6.6%
飲みたい （「愛情」関門）		15.7%	＞	4.4%

マインドフローは7段階ですが、この記事では3つの数字が出ていました。「知っている」＝認知関門、「飲んだことがある」＝購買関門、「飲みたい」＝愛情関門をそれぞれ越えた、という解釈ができます。

「購買」関門については、厳密には誰かからもらって「飲んだことがある」人などもいるでしょうが、それはここでは考慮しない（＝存在しないと仮定する）ことにします。

「愛情」関門は、このデータでは「飲んだことがある人の中でもう一度飲みたい」という数字であり、「飲んだことはないけれども飲みたい」という数字ではありません（と記事から私は読み取りました。ここではその前提で進みます）。

キリンフリーが先に発売されていたこともあり、この数字だけを見ると「さすがキリンフリー。全ての数値がオールフリーを上回っている」と見えます。

本当にそうでしょうか？　もう少し突っ込んで分析してみましょう。

● 顧客数は、上（認知）→下（愛情）へと進むにつれ、減っていく

マインドフローでは、上（「認知」関門が一番上）から下（「愛情」関門が一番下）に進むにつれ、顧客数は減っていきます。「愛情」関門を越えた人が「認知」関門を越えた人より多い、ということはまずあり得ません。知らないのにファンである、ということは通常は考えられないからです。

先ほどの「表1　キリンフリーとオールフリー」を再度ご確認ください。キリンフリーもオールフリーも、総顧客数（この場合は回答者数）を100％とし、認知→購買→愛情へと進むにつれ、数値は下がっています。「知らない」状態では「飲まない」でしょうし、「飲んだことがない」状態では「もう一度飲みたい」とは思わないからです。

今回の3段階の関門では、以下のような「モレ」が生じます。

モレた人	
「認知」関門	知らない人
「購買」関門	知っているのに買わない人
「愛情」関門	買ったのにもう一度買いたいと思わない人

オールフリーの数字を例にとって説明します。

マインドフロー		オールフリー	モレた人
知っている	「認知」関門	31.2%	68.8%
飲んだことがある	「購買」関門	6.6%	24.6%
飲みたい	「愛情」関門	4.4%	2.2%

　全体は100%です。100%を「100人」と読み替えたほうがわかりやすいかもしれません。

　100%のうちの31.2%はオールフリーを知っています。それが「認知」関門を越えた人です。知らない人、すなわち「認知」関門を越えずにモレた人が100−31.2＝68.8%いる、ということになります。

　「購買」関門を越えた人は6.6%います。「知っているのに飲んだことがない」人が、31.2−6.6＝24.6%います。これが、「認知」関門は越えたのに「購買」関門を越えずにモレた人です。

　このデータでの「飲みたい」人は、「飲んだことがある」人の中で「もう一度飲みたい」すなわち「愛情」関門を越えた人となります。それが4.4%います。「飲んだことがあるのに飲みたいと思わない」人が6.6−4.4＝2.2%います。これが、「購買」関門は

越えたのに、「愛情」関門を越えずにモレた人です。

繰り返しますが、「認知」→「愛情」へと関門を進むにつれてお客様はどんどんモレていきますので、数字が減っていくわけです。

100人お客様がいらっしゃるとして、「認知」でモレた方が68.8人、「購買」でモレた方が24.6人、「愛情」でモレた方が2.2人、計95.6人の方がどこかの関門で「モレ」たわけです。そして4.4人の方がめでたくオールフリーの「ファン」になったということです。

●通過率が低い関門が課題関門

上（「認知」関門）から下（「愛情」関門）へと進むにつれ、お客様がモレていくために数字が落ちていきます。

この「モレ」（＝数字の下落）が大きい関門が「課題」となる関門、すなわち「課題関門」です。バケツの穴の喩えで言えば、大きな穴が空いているところです。

オールフリーの場合は、数字としてモレが大きいのは「認知」関門のように見えます。

が、モレの大きい・小さいは、絶対的な値ではなく「前の関門の数値から比べてどれだけ落ちているのか」という比率で比較するべきです。その数値を「通過率」と呼ぶことにしましょう。

		オールフリー	通過率
知っている	「認知」関門	31.2%	31.2%(31.2/100.0)
飲んだことがある	**「購買」関門**	6.6%	21.2%(6.6/ 31.2)
飲みたい	「愛情」関門	4.4%	**66.7%**(4.4/ 6.6)

通過率は、「前の関門を通過した人の中で、その関門を通過した人の割合」です。「購買」関門の通過率は、「認知」関門を通過した人31.2%の中で「購買」関門を通過した人が6.6%いる、ということですから、6.6/31.2=21.2%となります。

　オールフリーの通過率で一番低いのは、「認知」関門ではなく、「購買」関門です。「知っている→飲んだことがある」というところで大幅に数値が下がっています。**「知っているのに飲んだことがない人が多い」ということですから、「知らせ方」（広告・販促）に課題がある**、ということがわかります。

　その一方で「飲んだことがある→飲みたい」については、通過率が高い、すなわちモレが少ないのです。

　要は**「通過率」が低い関門が「モレ」が多い「課題関門」であり、優先的に打ち手を打つべき「バケツに穴が空いているところ」**となります。

●競合と通過率を比較してみよう

　ある関門の通過率の数字が高いかどうかが判断しにくい場合は、競合商品・サービスと比較すると自社の課題がわかりやすくなります。ぜひ競合の商品・サービスについても同じように数値を集めてみるとよいでしょう。

　では、キリンフリーとオールフリーの通過率を比較してみましょう。計算方法は先ほどの通りで、「通過率＝前の関門を通過した人の中で、その関門を通過した人の割合」です。

通過率分析：キリンフリーvsオールフリー

	キリンフリー		オールフリー
「認知」関門	65.3%	>	31.2%
「購買」関門	48.9%	>	21.2%
「愛情」関門	49.2%	<	66.7%

「認知」関門の通過率は、そのまま「認知率」です。「購買」関門の通過率は、「飲みたい」と思わせる力です。この２つは、「広告・販促の強さ」を表しています。この２つはキリンフリーの圧勝です。

「愛情」関門の通過率は、飲んだ人に「もう一度飲みたいと思わせる力」という「商品力の強さ」を表しています。「リピート意向」と言ってもよいでしょう。これはオールフリーの圧勝です。

この比較表から、それぞれの商品の課題がわかります。キリンフリーは「商品」そのものに、オールフリーは「広告・販促」に課題があるのです。商品自体がお客様により受け入れられたのは、オールフリーのほうだったのです。

この数字から、将来を予測することができます。恐らくサントリーは広告・販促を強化し、リピートが増えていくことで「ファン」が増えるはずです。

サントリーのモレポイントは「認知」「購買」ですから広告・販促を強化すればよい、ということになります。一度飲んでいただければリピートはつきます。

しかしリピート意向が低いキリンフリーは、製品改良をする必要があります。「味」がモレポイントになっているのです。事

実その後、キリンは製品改良に踏み切ります。2010年、『キリンビールは12月上旬、ビール風味飲料「フリー」を刷新する。飲料のベースとなる「麦汁」を作る際に混ぜていたコメなどの副原料を使わず、麦芽のみを使用。よりビールに近い味わいになったという』(『』内は2010/11/26 日本経済新聞朝刊 P.33)。

その後、2010年中にオールフリーがシェアトップに躍り出ました。『日経POS(販売時点情報管理)データで、10月11日から11月7日までの販売金額を集計』(『』内は2010/11/19 日経MJ P.3)したデータによれば、1位は「サントリーオールフリー 缶 350ml×6」、2位は「サントリーオールフリー 缶 350ml」となっています。キリンフリーは3位、4位です。

このように、**各関門の「通過率」を計算することで、何が課題なのかが数値で客観的に把握できるようになる**のです。

マインドフローの関門を数値化した上で競合と比較することで、ここまで精緻な分析ができ、自社商品・サービスの課題が明確化されるのです。

●**単純な数値を比較するだけで、大きな知見が得られる**

このキリンフリーとオールフリーの事例は、3つのシンプルな数値を比較するだけでこれだけの知見が得られる、という意味で学びの多い事例です。

ノンアルコールビールという同じカテゴリーに属するキリンフリーとオールフリーでも、**マインドフローの数値化を行うことでそれぞれに全く違う課題が見えてきます。**

課題が違うのであれば、打ち手も違います。キリンフリーの課題は「商品」(売り物)です。オールフリーの課題は「広告・販

促」(売り方)です。それぞれにすべきことが全く違います。

　自社商品・サービスの課題を数値化してとらえることの重要性はどれほど強調しても足りません。このような課題把握ができていないと、トンチンカンどころか、逆効果となる打ち手を打ってしまう、ということにもなってしまうのです。

　数値化をしないで打ち手を打っているということは、実は恐ろしいことなのです。

●打ち手は「下の関門」から実行していく

　この事例が示唆することはもう1つあります。打ち手は「下の関門」(愛情関門に近いほう)から改善・実行すべき、ということです。

　理由は2つあります。

　1つは、「愛情」関門の数字が低いということは、お客様が商品・サービスそのものに不満を持っている(=商品・サービスそのものに問題がある)場合が多いのです。そのときに「認知」〜「利用」までの打ち手を強化してどんどん売ってしまうと、不満を抱えたお客様をどんどん増やすということになります。お客様が否定的な口コミをするかもしれません。一度そうなってしまうとなかなか取り返しがつきませんので、まずは「愛情」関門の数値が十分に高い、ということを確認する必要があります。

　もう1つの理由は、投資対効果です。下の関門の打ち手のほうが、投資対効果が高い(ことが多い)のです。「上の関門」(認知関門に近いほう)に行けば行くほど、お客様の人数が増えます。すると、より多くのお客様に対する打ち手となるため、コストもかかります。例えば多くの人に「認知」させようとする打ち手で

あるテレビCMなどは、多額の投資が必要になります（通常は少なくとも億単位）。下のほうの関門はお客様の人数が少ないため、打ち手が比較的低コストですみます。

　一般論ではありますが、「上の関門」の打ち手ほど、1人当たりの投資対効果が低くなります。というのも、対象となる人が拡散し、自分の想定顧客だけに届けるということが難しくなる、つまり「ムダ打ち」が多くなるからです。テレビCMや新聞広告などは、「不特定多数」に届く媒体ですので、その分「自分の顧客ではない人」にも届いてしまうのです。

　「下の関門」、例えば「購買関門」の打ち手は、自社商品・サービスを「買った人」すなわち自社商品・サービスに興味がある人が対象になります。一般論としてそして人数も少ないはずです。その人に対する打ち手のほうが、投資対効果が高いのです。

　この2つの理由で、**マインドフローは下の関門から改善していく**ことをお勧めします。下の関門の打ち手を十分に打ち、その数値が十分に良いと確認できたところで多くの人に対する打ち手である上の関門の打ち手を打っていく、というのがセオリーです。

(2)「課題関門」に打ち手を集中させると、投資対効果が高まる

●「課題関門」に打ち手を集中し「モレ」「ムダ」を減らそう

　マインドフローを使う大きなメリットの1つが打ち手の「モレ」「ムダ」を減らせることです。課題関門を数値化して把握することで、モレ・ムダが把握しやすくなります。

　打ち手の「モレ」が大きい「モレポイント」が「課題関門」で

す。通過率が低い関門は、その関門に対する打ち手が不十分であることを明らかにします。「バケツの穴」ですね。

逆に通過率が高い関門に対する打ち手は「ムダ」です。「ムダ」が言い過ぎであれば、「優先度が低い」打ち手になります。

先ほどのキリンフリーの場合は「売り物」が課題です。「売り方」に対する打ち手（＝広告・販促など）よりも、「売り物」に対する打ち手（＝商品改善）のほうが優先度が高いことが、数値でわかるわけです。

このような数値を把握しないで打ち手を考えることは「闇夜で銃を撃つ」ようなもので、まさに「当てずっぽう」となってしまうのです。

●課題を「数値化」するメリット
課題を「数値化」して把握できるようになることには、計り知れないメリットがあります。そのメリットを整理しておきます。

①客観的な意思決定・「カンと経験頼み」からの脱却
まずは「客観的」な意思決定ができるようになることです。

関門を数値化して検討することで、「認知」が課題なのか、「比較」が課題なのかなど、どこが課題なのかが明確にわかります。

このようなことは通常は「経験」が豊富なマーケターが「推測」で行うことが多いものです。ある意味「カンと経験」で判断するわけですが、それを「数値」で補強できるわけです。

カンと経験を否定しているわけではありません。カンと経験は重要かつ有用です。しかし、それに依存することなく、客観的にチェックできるようになるのです。

経験の浅い方にとっては「カンと経験で勝負する人」と話しあう際の強力な武器となるでしょう。経験豊富な方が「数値化」を身につけるともう「鬼に金棒」ですね。

②課題の優先順位づけ・投資の最適化

数値化により「モレポイント」がわかり、課題や打ち手の優先順位がつけられますから、打ち手の投資対効果が向上します。

マインドフローは、モレ・ムダを減らして「打つべき打ち手を打てる」ようになる道具です。「認知」が課題（そもそも知られていない）なのか、「比較」が課題（知られているけれども競合に負けている）なのか、などによって打ち手は変わります。その優先順位がつけられます。

先ほどのノンアルコールビールの事例の場合、キリンフリーにとって重要な課題は「商品改善」（愛情関門）であり、サントリーのオールフリーにとって重要な課題は「広告・販促強化」（認知〜行動関門）でした。そのような優先順位がつけやすくなるのです。

③組織内での共有・合意しやすさ

課題が明確に数字で出せれば、組織の「政治」に振り回されにくくなります。

客観的な「数字」に対して、感情論で反論することは難しいものです。いわゆる「声の大きい人の意見」が、「声が大きいから」という理由だけで意見が通る、ということが少なくなります。

また、数値には「伝達力」があります。そのために「これが今の課題だ」というのが組織で共有されやすくなり、意思統一もし

やすくなります。

　例えばノンアルコールビールの事例においてオールフリーの場合、誰かが「味が良くないんだ！　味を改善しよう」と言い出しても、「リピート率が高い」という数字が共有されていれば、「いや、味が最大の原因ではない」という意見のほうが通りやすくなるでしょう。

　客観的な数字を「錦の御旗」にすることで、組織における「政治」に振り回されにくくなるのです。

④改善サイクルの回しやすさ・組織知の蓄積

　マインドフローを数値化することで、「どういう打ち手を取ったら何がどれくらい改善されたか」という「打ち手と効果の相関」がわかります。

　数値化しないと、「エイヤ」で実行し、「売れるも八卦、売れないも八卦」となってしまい、組織に「知」「経験」が蓄積しにくくなります。

　数値化し、改善サイクル（Plan, Do, Seeのサイクルなど）を回すことで、組織に「知」が蓄積するようになるのです。

　以上、マインドフローで課題の数値化を行うメリットについて考えてきました。これをそのまま反対にすると、「数値化をしないデメリット」となります。

　もしあなたがこのような「数値」を把握されないで打ち手を考えていらっしゃるとすれば、それはかなり「恐ろしい」ことではないでしょうか？

> コラム

AさんはできるけどBさんはできない、はなぜ起きる?

　売れるマーケターや営業担当者の方は、本書で説明しているようなことを本能的にやっています。ただ、「本能的」にやっていると、自分でもなぜうまくできているのか説明できませんから、他者と共有する・他者に教える、ということがやりにくくなります。すると「AさんはできるけどBさんができない」という「バラツキ」が生じてしまいます。

　このような「バラツキ」が起きる理由の1つが、言語化・体系化の欠如です。

　売れるマーケターや営業担当者の「本能」を言語化・体系化することで、誰にでもできるようになります。

　また、組織として共有することで共通言語になり、組織の意識合わせに使うこともできます。

　マインドフローを組織の共通言語にすることで、課題や打ち手の目的などが共有しやすくなり、組織を同じ方向に向けやすくなるのです。

3 数値化の方法と事例

ミニケース

婚活イベントの企画会社の社長さん。自社の婚活イベントでご成婚されたカップルの数を把握したいのですが、その方法に悩んでいます。あとから一人ひとり電話などで確認しようとすると膨大な手間がかかりますし、そもそも電話番号を教えていただくのも難しいです。

何か良い方法はありませんか？　この社長さんにあなたはどんなアドバイスをしますか？

（1）顧客像の具体化と顧客数の推定

●まずは顧客像を具体化しよう

「数値化」の重要性は、ここまでの説明でご理解いただけたかと思います。ここからは、マインドフローを「数値化する方法」について見ていきましょう。

マインドフローを作っていくときに最初にすべきことは「顧客像の具体化」だ、ということを思い出してください。

マインドフローを数値化していくときに最初にすべきことも、やはり「顧客像の具体化」です。顧客により、どの関門が課題になるかが変わるからです。まずは戦略BASiCSなどを使って、自社の顧客像を具体化しましょう。

●顧客の人数を推定しよう

　ターゲットとなる顧客像を具体化できたら、そのターゲット顧客の「人数」（あるいは会社数）を推定します。それがマインドフローの数値化の「母集団」となります。

　顧客数を推定する目的は2つあります。1つは、この後のマインドフローの数値化のベースとなる数字になることです。そもそもターゲット顧客が何人いるのかがわからなければ、そのあとの関門についても数値化できません。例えば「知っている人」（=「認知」関門を突破した人）の人数がわかったとしても、母集団がわからなければ、認知率（=知っている人の数／ターゲット顧客の数）が計算できません。

　もう1つは、この顧客数で狙う売上が十分に得られるか、を確認することです。顧客数があまりに少なければビジネスとして成立しませんので、顧客数が十分にいるかどうかを最初にチェックしておく必要があります。

　あくまで「推定」ですから、おおよその数で構いません（完全に正確な数字、というのはわからない場合が多いでしょう）。顧客数に限った話ではありませんが、**このような数字を出すときには、意思決定をするのに十分な数字があればよい**のです。

　例えば、顧客数が300万人いればまあ十分というときは、推定顧客数が300〜400万人と推定できれば、「GO」という意思決定ができます。推定顧客数が100万人であれば「NO」という意思決定になるでしょう。そのような意思決定をするのに必要な数字の正確さがあればよいのです。

●「延べ人数」ではなく純粋な人数を定義する

マインドフローで把握すべき顧客数は、「延べ人数」ではなく、純粋な「人数」です。そうしないと正確な分析になりません。

例えば年間100個の製品が売れたとします。1人が年間に1個買った場合は、100人が1個ずつ買ったことになります。この場合は「100人」と数えます。

しかし、1人が100個買った場合は、あくまで純粋な人数は「1人」です。

東京ディズニーリゾート（東京ディズニーランド＋東京ディズニーシー）の入場者数は運営会社であるオリエンタルランドのHPによれば3,129万8,000人（2013年　http://www.olc.co.jp/tdr/guest/）です。これは恐らく「延べ人数」です。1人が年平均3回来園されたら、純粋な入場者数はその1/3の約1千万人になります。ここで知りたいのは、その「約1千万人」のほうです。

あくまでも1人の人は、何個買っても、何回来園しても1人として数えるのです。それにより、何人の人がどの関門で止まりあるいは通過し、という正確な事実把握ができるようになるのです。

●「認知」→「愛情」の通過時間をおさえておこう

「数値化」でもう1つ重要なことが、お客様が「認知」してから「愛情」に至るまでの「通過時間」です。

お菓子などですと、「認知」→「利用」までが一瞬で起きることもあります。コンビニの棚で見つけ、すぐ買って、すぐ食べて……というプロセスにかかる時間は、数分以内で起きるでしょう。

生産財ですと、数年がかりになることもあります。展示会である素材の存在を知って（「認知」関門）してから、営業の説明を

聞いて、サンプルを取り寄せて自社の生産ラインで流してみて（「行動」関門）……だけでも数ヶ月〜1年かかるかもしれません。

通過時間の長さによって、お客様にどのタイミングでどんな打ち手を打てばいいのか、などの売り手の打ち手の時間軸も変わってきます。

お客様がどれくらいの時間をかけてどの関門を通過するのか、という「通過時間」も数値化しておくと打ち手が効果を発揮しやすくなるでしょう。

(2)「数値化」できるように関門を定義する

●「関門」を定義するときに、「数値化」できるような形式で定義する

「顧客像の具体化」および「顧客数の推定」ができたら、「関門の定義」に進みます。

「関門の定義」をする際に、「数値化できるように関門を定義する」ということが重要です。あらかじめ「数値化」することを前提として、関門の定義をするわけです。

「関門の定義」とは、各関門について、例えば「認知」関門であれば「何をもって認知しているとするか」を具体化していくことです。というのは、「認知」と言っても、色々なレベルの「認知」があるからです。「商品名を何となく聞いたことがある」のと「性能を細かく説明できる」のとでは、同じ「認知」でもその内容・質が大分違います。「数値化」するためには、その関門の定義ができている必要があります。

例えばマーケティングリサーチでは「助成想起」と「純粋想

起」は分けて考えます。例として炭酸飲料「スプライト」(あくまでも例です)について調べるとします。

　○助成想起：「スプライトを知っていますか？」という質問に対して「はい」と答えるかどうか

　○純粋想起：「知っている炭酸飲料をあげてください」という質問に対する回答の1つに「スプライト」が入るかどうか

　一般論かつ経験則として、この2つでは得られる数値が大きく違います。助成想起すなわち「スプライトを知っていますか？」という質問に対しては、恐らく90％以上の人が「はい」と答えるでしょう。
　しかし、純粋想起すなわち「知っている炭酸飲料をあげてください」という質問に対する回答に「スプライト」が入る人は、6〜7割あるいはそれ以下になるように思います。
　つまり、**同じ「認知」率でも認知関門の定義の仕方によって数値が相当異なる**のです。
　スプライトの「認知」関門の場合、「認知している人」というあいまいな定義では数値化できません。そうではなく、「『スプライトを知っていますか？』という質問に対して「はい」と答える人」とまで具体化する必要があります。ここまで定義ができていれば、そのような市場調査をすれば求める数値が得られます。
　認知関門に限らず、全ての関門において同様に関門の定義を具体化・明確化する必要があります。
　例えばBtoB（法人顧客対象のビジネス）において「行動」関

門を定義するときに、「自社と接触したことがある会社」というあいまいな定義の仕方ですと数値化しにくいです。そうではなく「自社の営業部門の誰かと名刺交換をしたことがある会社」と具体的に定義すれば、自社の営業部門にある名刺を全てチェックすることで、そのような会社数を数値化することができます。

ですから、マインドフローを数値化する際に、全ての関門について明確に数値化できるように関門を定義していくということがまずは重要となります。

また、業種業態やデータの入手しやすさによって、関門の数は適宜調整していただければと思います。

例えば「興味」関門は「何をもって興味を持ったと定義するか」数値化しにくい場合は、飛ばしてしまっても構いません。

逆に「愛情関門」をもっと分けたほうがいいという場合、例えば通販の場合などは「去年１年間の購買者」などと粗っぽく括らずに、「過去１ヶ月購買者」「過去３ヶ月購買者」のようにさらに詳細に分けていったほうがいいかもしれません。

関門を定義しながら数値を実際に入れてみて、数字が手に入るか、数値に意味があるかどうかを考えながら関門の定義をされていくとよいかと思います。

●認知関門の数字が低すぎる場合は、顧客の定義を再確認しよう

マインドフローを実際にお考えいただくときによく見られるのが、「認知」関門の数字（＝その商品・サービスの認知率）が低すぎる、という事例です。

新商品・サービスの場合は認知関門は当然低くなりますが、既存商品の場合でその商品・サービスを「認知」している人が１ケ

タ台の数％などの場合は、顧客の定義が広すぎます。例えば「全国の20～40代の男女」と顧客を定義すると、顧客数が5千万人近くになってしまいます。顧客を広げれば、「認知」に限らず全ての関門の数字が下がり、数字が見づらくなります。

　一般論として「認知率」が10％以下の場合は、それは「顧客像が広すぎる」というサインになります。

(3) 数字を得る「仕組み」を作る

●「定点観測」をするために、通常業務の中で数字が得られる「仕組み」を作ろう

　「数値化できるような関門の定義」ができたら、その数値を通常業務の中で得られるような仕組みを作りましょう。逆に言えば、通常業務の中で得られる数値を使ってマインドフローの関門を定義すれば数値を得やすい、ということです。

　マインドフローで重要なことは「定点観測」です。「一度数字を調べてそれで終わり」ではなく、定期的にこまめに数値の変化を探るようにしましょう。

　マインドフローの数値は、変化していきます。当然自社の活動によって数値が向上する部分もあるでしょうし、顧客の変化や競合の行動などによっても数値は変化します。

　一般論ではありますが、
・購買頻度が高い商品、例えば飲料やお菓子でしたら、3～6ヶ月に1回
・購買頻度が低い商品、例えば工場で使う生産設備でしたら、1～2年に1回

くらいは数値を把握できるといいですね。

　数値を定期的にこまめに把握することのメリットの1つが、自社の打ち手が顧客にどのような影響を与えたかがわかることです。打ち手の「正しさ」も評価でき、どの打ち手が効果的で何が効果的でないかもわかります。改善サイクルが回せるわけです。

　そのためにも、通常の業務で得られる数値を使う、労力をかけずに数値が得られる「仕組み」を作る、などの工夫をして常に最新の数値を把握できるようにしておくことをお勧めします。

　その「仕組み」を作った事例を1つご紹介します。

　『群馬県太田市の太田商工会議所が10月4日に開く街コン「おおたｄｅマチノミ1000」で、同商議所は開催日から2年以内に結婚したカップルにお祝い金として5万円を贈る』とのことです。『昨年はイベント中に102組のカップルが成立したものの、「結婚まで至ったカップルがいたのか不明だった」（正田寛会頭）。婚姻が証明できる書類などを商議所に示せば、お祝い金を渡す』（『』内は2014/09/22 日経MJ P.9）というのは、まさに「数値化の仕組み」を作ったわけです。後から結婚したかどうかの追跡調査をするのは難しいでしょうが、これなら、参加者の方から届け出をしてもらえます。もちろんお祝い金は「お祝い」のためだと思いますが、数値化の仕組みとしてもシンプルで実行しやすい良い仕組みですね。

●「早期警戒システム」としての「レーダー」の役割を果たす

　マインドフローの数値を定期的にこまめに確認することの1つのメリットは、先ほどの「打ち手の効果がわかり、改善サイクルが回せるようになる」ということです。もう1つメリットがあり

ます。それは「異常」を早めに察知できるようになることです。マインドフローの数値が異常を関知する「レーダー」のような役割を果たすのです。

　何かあった場合には、必ず数値に何らかの兆候が現れるものです（逆に、短期的にも長期的にもマインドフローの数値に全く影響を与えないようなことは、無視してもいいとすら言えます）。

　例えば、私はアマゾンで私の本のランキングをチェックするのが日課です。特に『図解　実戦マーケティング戦略』は有難いことに長期間にわたってご好評をいただいておりますので、注視しています。4年前から、毎日1回アマゾンでのランキングをチェックしてExcelに記録するようにしています。

　長期的には、本のランキングを追うことで傾向値がわかります。2015年初頭現在、横ばいで、ロングセラーとなっています。短期的には、ランキングが急に下がっているときは何かが起きています。例えば「在庫切れ」ですね。

　なぜ「本のランキング」をチェックしているかというと、「本の売れ行き」が自社ビジネスの「先行指標」だということがこれまでの調査・経験からわかっているからです。

　これは単純な例ですが、自社ビジネスのカギとなる数字をこまめにチェックすることで、危機に陥る前に手を打てるようになります。

●社内に存在する数値をフル活用しよう

　マインドフローの数値を把握するために新しいデータを常に集めることができれば理想的ですが、なかなかそれも難しいことが多いでしょう。

そのようなときは、「使えるデータ」をフル活用することになります。持っている数字の範囲で何とかする、ということです。

通常は、そのような「使えるデータ」は2つあります。①社内に存在するデータと②公開データです。

社内に「数値のモト」として使えるものがあるにもかかわらず見過ごされている、ということは少なくありません。

特にBtoB（法人顧客対象のビジネス）の場合は顧客企業と直接のやりとりを日常的に行うため、意外に社内に「数値のモト」はあるものです。

例えば広告代理店のビジネスについて考えてみましょう。

「行動」関門については、顧客企業と自社が直接に接触する関門と考え、「社員と直接名刺交換をしたことがある企業」と定義すれば、社内に存在する「名刺」を使って数値化できます。営業担当者が持っている名刺を提出してもらえば、数えられるはずです。

「比較」関門については、「企画書を1回以上出したことがある企業」と定義すればこの数字も社内にあるからです。提出した企画書とその提出先を数えればいいはずです。

「購買」関門については、「今年取引があった企業」と定義すれば、請求書の発行履歴を調べれば数字がわかるはずです。

このように、BtoBでは多くのデータが社内にあるはずです。

BtoC（個人顧客対象のビジネス）の場合でも、定期的に顧客調査・市場調査などをしている会社は、そこで調べている数値などを活用できることはあるでしょう。

簡単に得られるデータを組み合わせたり、少し工夫すれば得られるような数値を代替数値として使ってもよいでしょう。

「絶対に100％間違いのない正確な数字」は不要です。意思決定

をする上で、十分な正確さがあればよいのです。

　例えば百貨店が「ギフト需要の推移」を知りたいという場合、全てのお客様にヒアリングすることは難しいでしょう。であれば、「ギフト包装紙の使用枚数」（包装紙でもリボンでも何でも構いませんが）を調べれば代替数値として使えるかもしれません。

　例えばファミリーレストランが、「子供連れ来店客の組数」を知りたい場合、お客様をいちいち数えるのは難しいかもしれません。であれば、「子供向けメニュー」の注文数で代替できるかもしれません。

　まずは、社内に存在するデータを洗い出してみましょう。意外と「数値のモト」はあるものです。

●公開データをフル活用しよう

　もう1つの「使えるデータ」は、公開データです。例えば政府や各種研究機関が様々なデータを公開しています。

　政府のデータでは、「国勢調査」「経済センサス」や各種の「白書」など、有用なデータが多くあります。

　また、多くの調査会社などが、自ら調査をしてその結果を公表しています。そのようなデータも役に立ちます。

　そのようなデータを集めたのが「レポセン」というサイトです（https://reposen.jp/、2015年3月時点）。色々な公開データが数多く集められ、検索できる非常に便利なサイトです。ブラウザの「お気に入り」に追加しておくとよいと思います。

(4)数値化と調査方法の事例:シルク・ドゥ・ソレイユ

●マインドフローの数値化事例:シルク・ドゥ・ソレイユ

　ここで、マインドフローを数値化した事例を紹介しましょう。私が発行するマーケティングメルマガ「売れたま!」(http://www.sandt.co.jp/uretama.htm)上で、読者さんにアンケートをとってマインドフローの数値化をしたときの事例を紹介します。

　事例は「シルク・ドゥ・ソレイユ」、カナダのエンターテインメントショーです。直訳は「太陽のサーカス」で、サーカスと言えばサーカスですが、動物ではなく人間が肉体の限界に挑戦するようなパフォーマンスを行います。私見ですが中国雑技団のようなすさまじい運動能力に美しいショーの要素を加えたもの、というのが私の解釈です。

　シルク・ドゥ・ソレイユをご存じない方は、要はミュージカルやコンサートのようなエンターテインメントショーの1つ、とご理解ください。チケットは1万円台が主流のようです。

　調査は、2010年11月、ネット上で行いました。有効回答数は364名です。ただ、私のメルマガの読者さんが対象ですのでサンプルには偏りがあります。これはシルク・ドゥ・ソレイユについての分析ではなく、あくまでも「マインドフローの数値化の例」としてご理解いただければと思います。

　言い訳めいてしまいますが、この調査は「売れたま!」(メルマガ)の記事を書くために行ったものであり、企業として行うときには通常行うべきプロセスを省略しています。そのために理想的な調査とはなっておらず、むしろ改善点が多くあります。が、そのほうが本書の読者さんの利益としてはむしろ大きいと思います

ので、そのまま載せることにします。

省略した大きなポイントは2つです。

1つは「顧客像の定義」です。回答者が「メルマガの読者」に限定されるため、このプロセスは飛ばしています。きちんと行うときには、顧客像を定義した上で、その顧客に対して調査をしていく、ということになります。

もう1つは、このような「量的調査」(定量的・数値を得るために行う調査)を行う前には「質的調査」(定性的・質的な情報を得るために行う調査)を行います。このプロセスも省略しています。

そう申し上げた上で、この事例は質問の仕方などの調査方法も含めて参考になるかと思い、紹介させていただきます。

●調査の基本用語

マインドフローは「マーケティングを数値化する」ことのできる希有なツールです。数値化する際にはいわゆる「マーケティングリサーチ」をすることが多いかと思いますので、事例解説の前にその基本用語をざっと解説しておきます。

まず、「回答形式」(聞き手から見ると「聞き方」)は、大別して2つの形式があります。

①選択式回答：選択肢の中から選んで回答する
 a）シングルアンサー（単一回答）：複数の選択肢の中から、1つだけ選んで回答する
 b）マルチアンサー（複数回答）：複数の選択肢の中から、2つ以上を選んで回答する

②フリーアンサー（自由回答）：記述式などで、自由に回答する

　例えば、「以下の選択肢の中から１つだけ○をつけてください」といった聞き方が「シングルアンサー」で、「以下の選択肢の中からいくつでも○をつけてください」といった聞き方が「マルチアンサー」です。「○○について、ご自由にご記入ください」といった聞き方が「フリーアンサー」です。

　次に、「量的調査」と「質的調査」です。

①量的調査：多数の回答者に対して、定量的に「数字」を確認するために使われる

　「量的調査」は、主として多数（一般的には数百人以上）の回答者に対して「量」「数字」を統計的に調べるための調査です。例えば「認知率が何％あるか」などは、ある程度の数の回答者に調査しないとわかりません。

　調査手法としては、回答者に調査票を郵送してご自分でご記入・ご返送いただいたり、回答者に直接伺いながらインタビュアーが記入していく、といった手法があります。最近はインターネット上で行ういわゆる「ネット調査」も多く見られます。

　「量的調査」の回答形式は選択式の回答が多くなります。フリーアンサー形式では、それを数値に加工するのが難しくなるからです。

　「選択式」の回答形式にするためには、「選択肢」が必要です。そしてその「選択肢」が不適切だと、誤った解答を導き出してしまいます。

量的調査では、「選択肢が適切である」という前提において、選択式の回答で聞く、というのが主たる方法になります。

ではその「選択肢」はどのようにして決めればよいのか、ということになります。そもそもどんな答えが返ってくるかわからないときに「選択肢」を作る、というのはムリがあります。

その「選択肢」を考えるための方法が次の「質的調査」です。

②質的調査：少数の回答者に対して、定性的なことを調べるために使われる

「質的調査」は、主として少数（一般的には数名〜数十名）の回答者に対し、「質的」「定性的」なことを調べるための調査です。「質的」「定性的」というのは、「どう思うか」「どのような印象を持っているか」というような、説明的・描写的に表現されることです。

質的調査の調査手法としては、いわゆる「グループインタビュー」がよく使われます。数名（一般的には6〜8人程度）の回答者の方に会議室などにお集まりいただき、司会者（モデレーター）が回答者の方に意見を伺っていく、という定番の調査手法ですね。

回答形式は、「この〇〇について、どんな印象を持たれましたか？」などの、フリーアンサー形式で聞くことが多くなります。

一般論として、調査の初期段階では「質的調査」が用いられます。そもそもどんな回答が得られるのかわからないために、まずは「選択肢」を得るためです。

質的調査で得られた回答から「選択肢」を作成し、量的調査でその「量」を数値化して、意思決定を行う、という流れで使われ

ることが多いです。

　さらに詳しいことをお知りになりたい場合は、マーケティングリサーチの本が色々と出ていますので基本書を1冊手元においておかれるとよいでしょう。

　では調査用語の説明はこれくらいにして、マインドフローの数値化事例「シルク・ドゥ・ソレイユ」に戻りましょう。

●「認知」→「利用」関門までの数値化

　まず、私が想定したシルク・ドゥ・ソレイユの関門の定義は以下の通りです。

1）**認知**：シルク・ドゥ・ソレイユという名前を知っているか
2）**興味**：それがどのようなものかわかっているか
3）**行動・比較**：行こうと思ってHPなどを観たりしたか
4）**購買・利用**：実際に観たことがあるか
5）**愛情**：また観たいと思ったか、友人などに勧めたくなったか

かなり粗っぽいですが、このようにしたのは、アンケートでそのまま聞ける質問にするためです。

　それを、以下のようなアンケート設問で聞きました。

―――――――――――― ＜ 質問内容 ＞ ――――――――――――

問1　シルク・ドゥ・ソレイユを、売れたま！で紹介される前にご存じでしたか？　以下からお選び下さい

①全く知らなかった
②聞いたことはあったがよく知らなかった
③大体どんなものかはわかっていたが観たことはない
④観たことがある

「売れたま！」というのは、私のメルマガの名前です。

　問1は、シングルアンサー（単一回答）で聞いています。ネット調査を使いましたが、回答するときに1つしか選べないように設定しています。回答者がどの関門で止まっているか、という選択は1つにしたいからです。

　理論的には1人の顧客が複数の関門で止まることは考えられますが、現実的には一番最初に止まった関門が「止まった関門」となるはずです。

　この設問からおわかりいただけるように、回答者が関門のどこで止まっているか、というマインドフローの関門の数値化は、やり方次第では1つの設問で可能です。

　顧客調査を日常的に行っている会社は、このような設問を1つ加えてみることでマインドフローの数値を定期的に把握できるようになるかもしれません。

　「③大体どんなものかはわかっていた」という選択肢は、「3）行動・比較：行こうと思ってHPなどを観たりしたか」に該当する選択肢です。CMやポスターで認知するくらいですと、恐らく「②聞いたことはあったがよく知らなかった」という回答になる

はずです。それ以上の知識を得た人は、友人と話す、HPを調べる、などの具体的な「行動」を起こしているはずだ、という仮定でこの選択肢にしています。

この設問の回答結果は以下のようになりました。

①知らなかった 4.1％（15人）
②聞いたことはあったがよく知らなかった 16.2％（59人）
③大体どんなものかはわかっていたが観たことはない
 55.5％（202人）
④観たことがある 24.2％（88人）
 計364人

この質問は、「モレた人」を把握する質問です。100％からこの「モレた人」を引くことで、「通過した人」の数値が得られます。例えば「知らなかった」（＝認知関門を越えていない人）が4.1％いる、ということですから、逆に認知関門を越えた人が100－4.1=95.9％いる、ということです。

通過した人の数を計算すると、以下のようになります。

0）全体　　　　：100％
1）認知・興味：95.9％　（上の関門との差が4.1％）
2）行動・比較：79.7％　（上の関門との差が16.2％）
3）購買・利用：24.2％　（上の関門との差が55.5％）

前にも説明しましたが、ここでの人数は「延べ」ではなく「純」です。1人の方がシルク・ドゥ・ソレイユを何回観ても、1人は

1人として計算する、ということです。

　ここで、得られた数字について検討してみます。「知らなかった」は4.1％と少ないので、あまり分ける意味がありません。そこで、「①知らなかった　4.1％」と「②聞いたことはあったがよく知らなかった　16.2％」の計74人はまとめて「認知」関門で止まった方としたほうがよさそうです。

　一方、「③大体どんなものかはわかっていた」方が55.5％となっています。これは逆に多すぎます。この55.5％（202人）の方をさらに分解する必要があります。

　以下の設問への回答を利用して、この方々を「興味」「行動」「比較」「購買」関門へと再分類しました。この再配分は、手作業で行いました。数千サンプルですと手作業では難しいですが、202サンプルくらいであれば人手でできる範囲です。

――――――――――　＜　質問内容　＞　――――――――――

問2　問1で「③大体どんなものかはわかっていたが観たことはない」とお答えになった方だけに伺います。ご存じなのに観たことがない理由は何ですか？　自由回答でご記入ください。

――――――――――――――――――――――――――――

　これは、フリーアンサー（自由回答）形式で聞いています。結果は以下のようになりました。

「興味」関門で止まったとした回答の一部（計58人）

・サーカスに興味が無いから
・行きたいと思えるほどの魅力を感じないため

「行動」関門で止まったとした回答の一部（計125人）
・行くきっかけがない、機会がなかったから
・遠い、私の住んでいる町では公演がない、地元エリアでの公演が無いから
・一緒に行く相手がいないため、行く相手がいなかった
・チケットが高額、価格が高い
・子どもが小さいので連れて行きにくい、子連れで行けないから

「比較」関門で止まったとした回答の一部（計12人）
・代わりに劇団四季のミュージカルを観たため
・同じ値段を払うなら、ディスカウントでオペラに行く
・家族構成上、どうせ行くならTDLでTDLホテルに泊まったほうが満足度が高いから

「購買」関門で止まったとした回答の一部（計5人）
・タイミングが合わなかった
・チケットの入手が困難であるため

「利用」関門で止まったとした回答の一部（計2人）
・チケットまで購入しましたが、当日行けなくなってしまいそれきりです

　本来は、このような作業は定量調査を行う前に質的調査におい

て行うべきことです。それを省略したがゆえにこのような強引な作業が必要になってしまいます。我ながら反省点でありお恥ずかしい限りですが、このような事例は表に出てこないのでむしろ参考になるかと思います。

ともかく、以上の再分類の結果、以下の数字が得られました。

関門	顧客数	モレ数	モレ率
全体	364		
認知	290	74人	20%(74/364)
興味	232	58人	20%(58/290)
行動	107	125人	53%(125/232)
比較	95	12人	11%(12/107)
購買	90	5人	5%(5/95)
利用	88	2人	2%(2/90)

モレ率は、その関門でモレた人数を前の関門の総数で割った数字です。例えば認知関門の「モレ率」20%（74/364）は総回答者数364名のうち74名がモレた、ということを意味しています。

これで、「認知」→「利用」関門の数値化が終了です。

● 「愛情」関門の数値化

では、最後の関門である「愛情」関門の数値化にいきましょう。

単に「観た」というだけでは、「利用」関門を通過しただけでまだ「ファン」とは言えません。観た（「利用」関門を通過した）上で、「また利用したい（リピート意向）」、「他人に強く勧める

(推奨意向)」、と言ってくださる方が「愛情」関門を越えた「ファン」です。

　愛情関門の質問の対象者は「購買・利用関門を越えた方」（＝観たことのある方）です。

　「リピート意向」「推奨意向」を先ほどの問1に強引に混ぜ込んで一緒に聞くことは不可能ではありません。ただ、選択肢が多くなると回答者が答えにくくなりますので、回答対象者を「観たことのある方」と限定した上で、別立ての設問にしました。

　今回は以下のような設問で聞いています。

―――――――――――　＜　質問内容　＞　―――――――――――

シルク・ドゥ・ソレイユを友人・知人にお勧めしたいと思われますか？　以下からお選び下さい

　①強く勧めたい
　②まあ勧めたい
　③あまりお勧めしない
　④全く勧めない

―――――――――――――――――――――――――――――――

　愛情関門の質問は「リピート意向」を確認することが多く、「シルク・ドゥ・ソレイユをまた観たいですか？」と聞くのがセオリーなのですが、シルク・ドゥ・ソレイユの場合は同じ演目を繰り返して観る方はあまりいらっしゃらないでしょうし、演目

による違いなどもあるかと考え、ここでは「口コミをする意思」（推奨意向）について聞きました。

「どちらでもない」というような中間の選択肢を設けていない理由は、YesかNoかをはっきりしていただきたかったからです。

この設問の回答結果は……

①強く勧めたい	34.1%（30人）
②まあ勧めたい	54.5%（48人）
③あまりお勧めしない	11.4%（10人）
④全く勧めない	0%（ 0人）
	計88人

となりました。

①と②を足すと、シルクを観た方の中で、88.6％の方が、「勧めたい」というポジティブな回答をされた（＝満足した「ファン」）ということですね。

ただ、真の意味で「愛情関門を通過した」方は、「①強く勧めたい」とお答えになった方でしょう。「まあ勧めたい」とお答えになった方は、誰かから聞かれれば「まあ面白かったよ」と応えると思いますが、自分からは積極的にPRしないだろう、と私は判断します。

ですので、①と②は分けておきます。

①強く勧めたい	34.1％=大ファン
③まあ勧めたい	54.5％=小ファン

とします。「大ファン」「小ファン」を合わせると、88.6％が「ファン」となります。

「③あまりお勧めしない」「④全く勧めない」という回答者の方は、愛情関門を通過しなかった「不満層」です。

「利用」関門を越えた方が24.2％、そのうちの34.1％が大ファンですので

ファン： 21.4％（24.2×88.6％）

大ファン：8.2％（24.2×34.1％）

という数字が得られます。

これでマインドフローの数値化が終了しました。先ほどのキリンフリー・オールフリーのケースのように3段階くらいであれば数値だけでもわかりますが、7段階の数字となりますと、グラフ化することで大変わかりやすくなりますのでグラフ化してみましょう（図2-2, 140ページ）。

「愛情」関門は「ファン」（大ファン＋小ファン）と「大ファン」に分けています。分ける必要があるところはさらに分け、分ける必要がないところは一緒にしてしまいましょう。

ここまでが「マインドフローの数値化」という作業です。これでようやく手間のかかる作業が終わり、となります。

● **数字の「解釈」をしよう**

数値化の作業を終えたら、図2-2のグラフを見ながら、その意

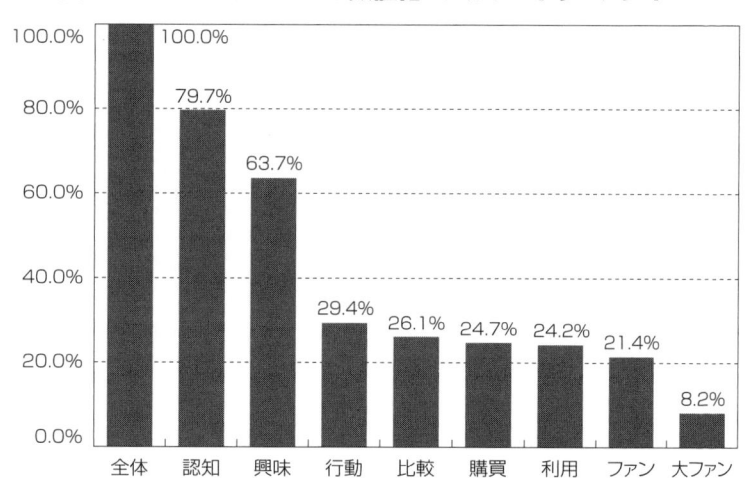

図2-2　マインドフローの数値化：シルク・ドゥ・ソレイユ

全体	認知	興味	行動	比較	購買	利用	ファン	大ファン
100.0%	79.7%	63.7%	29.4%	26.1%	24.7%	24.2%	21.4%	8.2%

味するところや、課題を考えていく、ということになります。ここまでの数値化・グラフ化までが地道で丹念な作業、ここからは楽しいところと申しますかクリエイティブな作業、となります。

　グラフを一見してまず目につくのは、利用率の高さ（＝「利用」関門を越えた人の多さ）です。シルク・ドゥ・ソレイユは人気のショーとはいえ、24.2％という数字は少々高すぎるように思います。この理由は2つ考えられます。1つは回答者が私のメルマガ（売れたま！）の読者さんですので、サンプルが偏っています。回答者の88.7％が20〜40代であり、その層がシルク・ドゥ・ソレイユのターゲット顧客と考えられますので、その分数値が高く出たのでしょう。もう1つは、「シルク・ドゥ・ソレイユのアンケート」に自主的にご回答される方は、もともとシルク・ドゥ・ソレイユの興味が強い方ではないか、ということです。こ

の2つの理由で、利用率が高く出るのはそれほど不自然ではないと思います。

次に、グラフの動きと申しますか、認知→大ファンまでの数値の変化を見ていきましょう。特に数値の下落が大きい（＝「モレ」が大きい）「課題」関門を探していきます。

マインドフローを7関門で分析する場合は、打ち手を打つべき課題関門は1～2つくらいが適切です。3つ以上だと多すぎて、打ち手の集中ができません。これまでの私の経験でも、数値の下落が大きい関門はおおよそ2つくらいに収斂されます。

シルク・ドゥ・ソレイユの場合も、大きく下がっている関門は2つです。1つは「行動」関門、もう1つは「愛情」関門（「大ファン」のところ）です。この2つが課題関門、すなわち「打ち手のモレ」が発生している「モレポイント」です。

この2つの関門に対する打ち手を考えていくと、「課題」を解決する（＝「モレ」をふさぐ）ことができるために投資対効果が高い打ち手になります。逆に「認知」「興味」の数字は既に相当高いため、そこに対するこれ以上の投資は「ムダ」となるであろうことがわかります。

● 「打ち手」を考えよう

ここで、「行動」関門でモレた回答者の「モレた理由」を考えてみましょう。先ほど紹介した問2の回答から抜粋すると以下のようになっていました。手作業による分類ですので数字は厳密な意味で正確ではありませんが、目安にはなるでしょう。

チケットが高い	44人
行くきっかけがない	26人
場所が遠い	18人
チケットが高い、かつ場所が遠い	10人
一緒に行く相手がいない	8人
子供が小さいので連れて行けない	4人

　これらを解決する「打ち手」があれば実行すればよいですし、打ち手がなければ諦める、ということになります。

　「チケットが高い」に対する打ち手は「値下げ」となります。値下げをしてもよければ値下げすることになりますが、そもそも「高い」と回答される方がターゲット顧客かどうか、を検討する必要があります。「高い」という人はターゲットではないと考えるのであれば、そもそも考慮する必要がないということになります。

　「行くきっかけがない」に対する打ち手としては、個人よりもむしろ会社・サークルなどの団体への営業をかけたほうがよいかもしれません。「仲間で行こう」という「行くきっかけ」を作ってあげる、ということです。

　「場所が遠い」に対する打ち手は、無いように思います。公演場所を増やすという打ち手はありますが、顧客が見込める場所ではすでに公演をしているでしょう。ただ、「行きにくい場所だと思われている」だけの可能性もあります。「行きやすさ」（交通の便など）をきちんと説明すれば「遠い」という印象を軽減できるかもしれません。また、周辺にある施設などがわかれば、「せっ

かくだからついでに行こうか」と思っていただけ、「シルク・ドゥ・ソレイユのためだけに行くには遠すぎる」という感覚を解消できるかもしれません。

「一緒に行く相手がいない」に対しては、「婚活デー」のような回を設けて、「独身者歓迎」のような告知をしてもいいですね。

「子どもが小さいので連れて行けない」に対しては、「キッズデー」のような回を設けて（普通に考えて平日の昼間の公演でしょう）、「泣き叫ぶお子様大歓迎」というような告知をあらかじめしておくわけです。おむつ・子ども用のオヤツなども用意しておけばいいですよね。ただ、人数としては少ないので、どれくらいのニーズがあるかどうかを検証する必要があります。

どの関門で止まっているかという「数値」に加えて、「なぜ」そこで止まっているのか、という理由を合わせて確認することで、打ち手を精緻に、論理的に考えていくことができるようになることがわかります。

その一方で、「行動」関門に打ち手を絞ったからといって、クリエイティブなアイディアが出ない、ということでもありません。「クリエイティブ」なアイディアとは、「突飛」なアイディアではなく、「課題解決を今までにない画期的な方法で行う」ということです。

このようにお客様はどの関門で止まっているのか、その理由は何か、を調べた上で、打ち手の有無、さらにそのニーズの有無（人数）などを考えながら打ち手を考えます。その上で、投資対効果の高そうなものを選んで実行していくことで、高い成果があげられるわけです。

●マインドフローは具体的な「打ち手」に落ちる

マインドフローの大きな「強み」の1つが、このような「具体的な打ち手」に落ちることです。それもカンと経験だけからではなく、論理と数値に基づいて、です。

マーケティングの教科書の理論からは、なかなか具体的な「打ち手」に落ちてきません。マインドフローは、それを可能にするのです。しかもお客様は「知って、買って、使って、ファンになる」という極めて当たり前のプロセスを使って、です。

数字を見ながら打ち手を考えていくというマインドフローの考え方は非常に論理的なプロセスですので、「やってみなければわからない」という「ギャンブル」的な要素を減らすことができます。「カン」「経験」だけに依存せずに、マーケティングを「科学的」に検証・実行していくことができるわけです。

●「愛情」関門が低いのは解決すべき課題

シルク・ドゥ・ソレイユのマインドフローで非常に気になるのが、「大ファン」の少なさです。

私は、多く（6〜7割以上）の回答者が「一度見たら大興奮して、みんなにいいよいいよ、と強烈に勧める」のかと思っていました。実際にはそういう方は利用関門を越えた方の34.1％と、1/3程度でした。

これは恐らくは「一度は見ておきたかったし、とっても楽しかったけど、一度見ればまあいいか」というような心理状態だったと推測されます。

もちろんそのような方に「それはなぜですか？」という理由を聞ければさらによかったのですが、それは設問数との兼ね合いに

なります。それを確認した上で、しかるべき手を打っていく必要がありそうです。

●打ち手を打ったら、再度数値を確認して、打ち手の効果を確認しよう

　このような仮説に基づいて打ち手を打ったら、打ち手の効果が現れる頃に再度数値を確認しましょう。すると、その打ち手の効果が検証できます。

　効果があれば継続・強化し、なければ効果が出なかった理由を考え、また別の打ち手を考える、ということになります。

　マーケティングでは、なかなか「効果測定」が難しいことが多いのですが、マインドフローは「数値に基づいて改善を繰り返す」という当たり前の改善プロセスが可能になるのです。

> **コラム**
>
> ## マインドフローは「インスタントコンサルティングツール」
>
> 　マインドフローは、自社の商品・サービスの売上拡大のために考えられたツールです。
>
> 　ただ、顧客企業のビジネスに対して改善提案などをされるお仕事の方には、言葉は悪いですが顧客企業に対しての「インスタントコンサルティングツール」になります。
>
> 　「インスタント」と言っているのは、「プロフェッショナルでなくともすぐ使える」という意味です。
>
> 　「知って、買って、使って、ファンになる」というあまりにも「当

たり前」の考え方に基づいているだけに、マーケティングのことを全く知らない方にでも無理なくおわかりいただけるのがマインドフローの「強み」の1つです。

ですので、プロのマーケターの方でなくとも使いやすいですし、話すお相手にもわかりやすいはずです。

経営コンサルタントの方々にはもちろん、顧問先企業の売上改善のアドバイスに使えると思います。

コンサルタント以外の方々、例えば銀行員の方、それに公認会計士・税理士の方、弁護士・司法書士・行政書士の方などの「士業」の方は、顧問先企業から売上改善提案を求められることもあるでしょう。

また、広告代理店・印刷会社・デザイン事務所の方は、クライアント企業の「売上向上」が仕事、という場合もあるでしょう。

このようなコンサルティングを本職とされない方々にとっては、マインドフローは強力な「インスタントコンサルティングツール」です。

7つの関門のどこでお客様が止まっているのかを顧客企業の方と一緒に話し合うことができる、というのは自分の「強み」の1つになるかと思います。

逆に言えば、プロのマーケターの方であればマインドフロー的な考え方を自由自在に使いこなせなければ、プロでない方の後塵を拝す、ということにもなりかねません。しっかり身につけておきましょう。

なお、マインドフローを使ったコンサルティングでお金を取る、というのは原則としてご遠慮いただいていますが、出典を明確にした上でいわゆる「引用」をしていただくのは構いません。例えば、本書をお客様に渡して「一緒に考えてみましょう」というのは全く問題ありませんので、どうぞお使いくださいね。

第 3 章

実行の章

打ち手の「急所」 モレをふせぐマインドフロー

第1章でマインドフローの理論を、第2章で「数値化」を見てきました。それを受けて、第3章・第4章はどう「実行」していくのかを考えていく、いわば「実行編」です。第3章は「モレポイント」を探して「モレ」を減らすことが主眼になります。色々な事例を見ながら、自社での「モレ」をふせぐ打ち手を考え、「実行」する方法をお考えになってみてください。

1 打ち手の急所に集中して効果的に手を打とう

（1）増客設計図をタテヨコ漏らさず考えよう

●全ての打ち手は「増客設計図」に通ず

　タテに「認知」→「愛情」のマインドフローの7関門を取り、ヨコに打ち手としての4P（売り物・売り方・売り場・売り値）を取ったのが本書の中核ツール、「増客設計図」でした。第2章1（2）で紹介していますので、思い出してみてください。

　マーケティングにおける全ての打ち手はこの「増客設計図」のどこかに属することになります。

　例えば、テレビCMを強化する、というのは「認知」「興味」関門に対する「売り方」の打ち手です。買っていただいたお客様にお礼状を出して、再来店を促すのは「愛情」関門に対する「売り方」の打ち手です。

　製品の性能・スペックを強化して競合に負けないようにするというのは「比較」関門に対する「売り物」の打ち手、製品を使いやすくするのは「利用」関門への「売り物」の打ち手です。

　価格を下げて競合に対抗する、というのは「比較」関門に対する「売り値」の打ち手です。携帯電話の家族割引サービスなどは、お客様が競合に乗り替えにくくなるという意味で「愛情」関門に対する「売り値」の打ち手です。

　このように、お客様関連の打ち手はすべて増客設計図のどこかに入ります。

タテ軸のマインドフローがお客様の購買行動を網羅し、ヨコ軸の４Ｐが自社の打ち手を網羅しますから、増客設計図がお客様と自社の全ての「交点」を網羅しているわけです。

　究極的には、全ての企業行動はこの増客設計図のどこかにつながる、とすら言えます。例えば、技術者の「人材」を採用し、将来的な技術開発に投資することは、最終的には「製品での競合優位を作る」という「比較」関門の「売り物」の打ち手につながることになります。設備投資をしてコストダウンを図るというのも最終的には、「比較」関門の「売り値」につながるかもしれません。百貨店が店舗の改装に数十億円単位で投資するのは「売り場」の打ち手です。

　企業の投資は、「将来の強力な増客設計図」を完成するためのものなのです。

●打ち手の「急所」を探し、集中的に手を打つ

　全ての行動が「増客設計図」につながるのですから、増客設計図の中にある「打ち手」は無限と言ってよいくらいにあります。

・ＣＭを流して「認知」を上げる（認知関門）
・店頭などでサンプリングして、お客様に試していただく（行動関門）
・製品のインターフェースを改善して使いやすくする（利用関門）
・次回来店割引券を配って、再来店を促進する（愛情関門）

などなどです。本当に「無限」です。

全てやろうとすると、全て中途半端になります。問題は、「どれを優先的に行うか」という打ち手の優先順位です。

打ち手には「急所」がある、ということがあります。典型的な急所の1つがマインドフローを数値化してわかる「課題」関門です。バケツに大きな穴が空いていれば、その穴を優先的にふさぐ必要があります。

もう1つの急所は、強いインパクトを顧客に与える自社の「打ち手」です。例えば「この製品は、使いさえすればその良さがわかる」というような場合は、それが本当であれば使ってもらいさえすれば売れるわけですから、「使ってもらう」という打ち手が「急所」になります。

このような「急所」がある場合には、まずはその急所に優先的に手を打っていくべきです。

本章は、その「急所」に対して手を打っていく、ということを主眼に置いています。

●ヨコの4P、タテのマインドフロー

増客設計図の切り口は、タテ軸がマインドフローの7つの関門、ヨコ軸が自社の打ち手である4P（売り物・売り方・売り場・売り値）です。タテのマインドフロー、ヨコの4Pですね。

ここからは、そのタテ・ヨコの両方の切り口から、事例を紹介しながら具体的な方法論を解説してまいります。

多くの企業組織においては「売り物」を主に担当する「商品開発部門」と、「売り方」を主に担当する「営業部門」「広告部門」が分かれています。これは組織がヨコ軸の「4P」を基準に分かれている、ということです。

本書でもそれに合わせ、

- 売り物の最適化：商品開発とマインドフロー　→　商品開発部門の方向け
- 売り物・売り値の最適化：プロダクトフロー　→　両部門の方向け
- 売り方・売り場の最適化：メッセージとマインドフロー　→営業・広告部門の方向け

という構造で説明してまいります。

「売り物」とは、広い意味での商品・サービスのことです。食べものや化粧品、パソコンなどが「売り物」の場合は、「モノ」として実体を持っていますが、「医療サービス」「マッサージ」「研修」などはサービスですから物理的なカタチは持っていません。それも「売り物」に入ります。

タテの切り口は、もちろんマインドフローの関門です。「売り物」と、「売り方・売り場・売り値」のマインドフローをそれぞれに考えていく、ということです。

マインドフローの全体最適化（次章のテーマです）のためには、ご自分の業務範囲でないこともご存じいただいたほうが良いことは言うまでもありません。

経営者や起業家の方は、もちろん全てをご存じいただいたほうがよいでしょう。

2 売り物の最適化：商品開発とマインドフロー

ミニケース

化粧品メーカーの商品開発担当者さん。担当しているアイシャドーの製品デザインを考え中。アイシャドーは塗り方がわかりにくいというお客様の声も結構あります。説明書を同梱してもいちいちメイクのたびに読むのも面倒です。「良いデザインはないだろうか……」

あなたなら、この商品開発担当者さんにどんなアドバイスをしますか？

（1）認知・興味・行動：「売り物」に知らせる仕掛けを組み込もう

本章のここから先の部分は、事例が数多く出てまいります。全てを評してご理解されようとするよりも、パラパラとめくっていかれながら、ご自分に合ったところを集中的にお読みいただくとよいでしょう。

では、「売り物の最適化」から見ていくことにしましょう。商品・サービスそのものを使って関門を通過していただく打ち手、ということです。商品開発部門の方はぜひご熟読ください。

まずは、「認知」「興味」「行動」関門から見ていきましょう。「認知」「興味」「行動」関門に対する「売り物」の打ち手、とい

うことです。

「認知」「興味」「行動」関門においては、「売り物」よりはむしろ広告・販促などの「売り方」の果たす役割が大きいのですが、それでも「売り物」が「認知」「興味」「行動」のきっかけとなるようにすることはできます。

●製品自体に「認知」「興味」の仕組みを持たせる

製品そのものに認知や興味を促進する仕掛けを組み込むことで、広告や説明をしなくても、製品それ自体が「認知」「興味」「行動」に対する打ち手となります。

例えば、ナイキのスニーカー「エアマックス」のウリは、その名の通り「空気」が入っているためにクッション性が高い、ということでしょう。そして、空気が入っていることが、外から見えるようなデザインになっているわけです。**「靴」という製品そのものが、「空気が入っている」というメッセージを「認知」させる仕組みを持っている**わけです。

カシオ計算機の「G-SHOCK」も、そのウリである「頑丈さ」が一目でわかるデザインになっていますね。「こんな頑丈そうな時計あるんだ」と思わせるわかりやすい製品デザインも、人気の要因の1つでしょう。

高価格帯の製品であるにもかかわらず爆発的な人気を得ているダイソンの掃除機は、外側の筐体(きょうたい)が透明で中身の構造がわかるデザインになっています。製品特徴である「サイクロン式」というのが見えやすい製品デザインになっています。

これらは全て製品そのものが極めて強い「メッセージ力」を持っている、優れた製品デザインとなっているわけです。

●他人が使っているのを見てカッコイイと思うデザイン

いわゆる「カッコイイ」「美しい」デザインにすることで、機能などは全く同じでも、お客様の「認知」「興味」「行動」を引き出すことは少なくありません。

ポルシェなどの高級車のデザインは、それ自体が「あ、ポルシェだ」とわかりますよね。「車」の存在自体が「認知」「興味」を呼ぶわけです。

アップルのパソコン、iMacやMacBook Airは、ユーザーが使っているのを見ると「カッコいいな」と思いますよね。機能が他のパソコンより圧倒的に優れているかというと特にそういうことではないかと思いますが、それでもデザイン自体が「認知」「興味」を呼ぶ力を持っているわけです。

(2) 比較・購買関門：強みがある「売り物」を作ろう

次に「売り物」で「比較」「購買」関門を越える方法を見つけていきましょう。

● 「比較」関門を越えるためには、「強み」を作る

「比較」関門は、「売り物」が非常に大きな役割を果たす関門です。「比較」関門で重要なことは「強み」（＝お客様が競合ではなく自社を選ぶ理由）を作ることで、これがまさに製品戦略の中核となると思います。

ここは、先ほど紹介した「戦略BASiCS」などの戦略ツールを使って考えることになりますので、ここでは割愛します。

●「購買」関門を越える「買いやすさ」

お客様に「購買」関門を越えていただくために必要なことは「買いやすさ」です。買いやすさにおいて重要なことは価格設定（「売り値」）ですが、買いやすい「売り値」を設定できるように、製品の原価を抑えることも重要です。

特に、機能・性能の「最適化」は重要です。性能を上げれば「価値」（嬉しさ）が上がるとは限りません。例えば、製品の機能などは付加するほどに使いにくさが上がる場合もあります。ある機能などを選択しにくくなったりして、操作性が落ちたりするからです。お客様が欲しいのは「最高」の性能ではなく「自分に合った」という意味で「最適」な性能です。

「最高」の性能・機能を目指すと、当然製造コストも上がります。お客様にとって必要十分な性能・機能におさえ、その分製造コストを下げることで、「買いやすい」売り値に設定できるようになる場合もあるでしょう。

また、「欠品」「売り切れ」があると、お客様が「買いたくても買えない」ことになります。そうならないように、追加発注があったらすぐに生産できる生産システムを構築することも「買いやすさ」を向上する打ち手となり得ます。

店そのものが「売り物」である店舗ビジネスの場合は、店の「入りやすさ」を考える必要もあります。例えば、お店の中が見えないと、「入りたい」と思っても、どんな店かがわからずに入りにくくありませんか？

入りやすくして人気になった飲食店もあります。

『焼肉店「牛角」や居酒屋「甘太郎」などのコロワイドが運営する「やきとん酒場　ぎんぶた」が好調だ。昨年６月に同社が運

営する東京・赤坂の低価格居酒屋を業態転換して1年半近くたつが、周辺の会社員の需要を取り込み、売り上げは居酒屋時代と比べて5割増となっている』『なかでも特徴は、店舗の正面がガラス張りになっていることだ。店内の様子が外から見えることで安心感を呼び、女性客も多いという。立ち飲み屋の大半は男性客だが、ぎんぶたは約3割が女性客だ』(『　』内は2013/11/18 日経MJ P.19)とのことです。

　女性客にとって入りやすいということは、男性客にとっても入りやすい、ということです。外から見えるようにすることで、安心して店に入れるようになったことも、売上が5割増となった要因の1つなのでしょう。

(3) 利用関門

　次に「売り物」で「利用」関門を越える方法を見ていきましょう。そのためには使いやすい「売り物」にする、ということになります。

●操作性を高める

　「利用」関門で止まる、ということは、買ったのに「使わない」ということです。逆に言えば「利用」関門を越えるには、製品として「使いやすく」することが重要になります。

　2004年に発売され、大ヒットした携帯ゲーム機「NintendoDS」は、それまでの「ゲーム機」の概念を越える「遊びやすさ」を提供しました。画面が2つあり、そのうち1つはタッチパネルです。それまでゲーム機と言えば「多くのボタン」で複雑な操作を

するのが当たり前だったのですが、タッチパネル・タッチペン、さらにはマイク入力などの誰にでも使いやすい入力装置を導入し、ハードルを劇的に下げたのですね。結果、それまでゲームをしなかったと言われる主婦層・年配層などにも受け入れられ、国内3,299万台、全世界で1億5,387万台（2013年3月、任天堂第73期報告書 http://www.nintendo.co.jp/ir/pdf/2013/breport_1303.pdf）という驚異的な普及を記録しました。画質・音質などの性能は同時期に出されたソニー・コンピュータエンタテインメントのPSP（PlayStation Portable）にかなわなかったのですが、普及台数はDSが上回りました。「使いやすさ」がDS普及のカギだったと言えるでしょう。

　書籍などの場合、難しすぎる内容・わかりにくい表現を使うと、「読みにくい」ために、読まずに終わってしまうということがあります。それはせっかくお買い上げいただいた（＝「購買」関門を越えた）のに、「利用」関門を越えられなかった、ということになります。本書はなるべく平易な表現を使って読みやすくしているつもりですが、いかがでしょうか？

●製品自体に「使い方」を組み込む

　製品自体に「認知」「興味」などの仕掛けを組み込めるのと同様に、製品自体に「使い方」を組み込むこともできます。

　カネボウ化粧品の「コフレドール　ワイドグラデーションアイズ」は、製品そのものが「使い方のガイド」になっています。2012年のものではありますが、アイシャドーの売れ行きランキングについての記事です。

　『ランキングは日経POS（販売時点情報管理）データを基に、2012年2月20日〜3月18日までの販売額を集計した。1位のカネ

ボウ化粧品「コフレドール　ワイドグラデーションアイズ02」は、パレット上の色の配置を、花びらのようにしたのが特徴だ。通常のアイシャドーの配置は四角形を基本としているが、「どの色から使ってよいのか分からない」といった声も少なくなかった。コフレドールは上から順に使えば、メークで失敗しづらいのが人気の秘密になっているという。2011年12月の発売以来、順調に売り上げを伸ばしている』（『』内は2012/04/06 日経MJ P.3）とのこと。

　通常、アイシャドーは５色前後の色を四角形のカタチに並べた形状のものが多いようです。それですと、どの色を肌のどの部分にどう塗ればよいのか、迷うお客様もいらっしゃるでしょう。

　それが、「コフレドール　ワイドグラデーションアイズ」は、花びらのようなカタチに色が並び、花びらの上から塗っていけばキレイにメークできるようになっているわけです。どちらが使いやすいかは、言うまでもありません。

　2012年３月でアイシャドーランキング１位ですが、2014年現在も、製品の基本的なデザインは変わっていないようです（同社HP　http://www.kanebo-cosmetics.jp/coffretdor/products/details/eyeshadow/item05.html）。この使いやすさが人気なので同様の製品デザインを継続しているのでしょう。

●理想は「取扱説明書が不要」なこと

　家電製品などを買うと「マニュアル」「取扱説明書」がついてきます。必要な場合もあるでしょうし、それが必ずしも悪いわけではありませんが、「使い方を説明する必要がある」時点で、不完全な製品と言えます。

　製品にもよるとは思いますが、**理想は取扱説明書などは不要**

で、見た瞬間に使い方がわかるようになっていることです。

　私がよく泊まる宿泊施設の目覚まし時計には、目覚ましのセットの仕方について説明した文章がテプラのようなもので印刷されて貼ってあります。その宿泊施設の方がわざわざ作って貼ったのでしょう。その施設の方の配慮が伺えますが、そもそも時計を見ただけでは目覚ましのセット方法がわからない、というところに問題があります。「見ればわかる」状態が理想です。

　良い例は、私の家で使っている炊飯器です。「炊飯ボタン」（これも大きく書かれており、迷いません）の下に大きく「お急ぎ2度押」と書かれています。これは、説明書を見なくても、「この炊飯ボタンを2回押せば、お急ぎモードで早く炊ける」ということが一目でわかり、非常に親切です。かつ、この炊飯器には「お急ぎモードがある」ということもわかります。説明書をよく読まないお客様から「この炊飯器、炊くのに時間がかかるな。もっと早く炊けないのか」という不満が出てくることも事前に防げますね。お客様のことをよく考えているのがわかります。

　そもそも、お客様が「使う」瞬間にその商品の「価値」が表れるわけです。お客様が「使う」ときに、使い方などに迷う負担を極限まで減らすことは商品開発の上で非常に重要なことです。

(4) 愛情関門

　「売り物」の打ち手の最後として、「愛情」関門を越えるための売り物の打ち手を見ていきましょう。

● 「強み」が明確で、「強み」が競合にマネされなければ、リピートされやすい

「愛情」関門は、基本的には「強み」が明確（＝「比較」関門を越えている）で、かつ使いやすい（＝「利用」関門を越えている）のであれば、それほど問題なく「リピート」につながるはずです。

BASiCSでいう「A：独自資源」（＝強みが競合にマネされない理由）があれば、「強み」が競合にマネされることもありませんから、お客様に選ばれ続けるはずです。

私は、ノートパソコンはパナソニックの「Let's note」を愛用しています。何台も買い替えていますが、ずっと「Let's note」です。「軽い」「頑丈」「バッテリーが長持ち」という「強み」が私のニーズとぴったり合っているために、使い続けています。

「強み」と「顧客」に一貫性がある、すなわちその商品・サービスを選ぶ理由としての「強み」とその「強み」を重視する人が「顧客」になっているという「相思相愛」の状態であれば、その強みを競合にマネされない理由（＝「独自資源」）がある限りにおいて、自社が選ばれ続けるはずです。

とはいえ、さらに「愛情」を持っていただけるための打ち手もありますので、紹介してまいります。

● 「いつも持っていたい」

「愛情」関門に対する「売り物」の打ち手の１つが、「デザイン」です。お客様に「いつも持っていたい」「いつも使いたい」と思っていただけるようなデザインにすることで、愛着を持っていただけるでしょう。

ポルシェなどの美しいデザインの車は、愛着が湧くでしょう。

アップルの数々の製品のように、「カッコイイ」デザインにする、というのもありますし、「手になじむ」というか、いつも持っていて、使っていて、違和感がないものにする、という手もあります。

●カスタマイズ：「自分だけのもの」

「自分だけのもの」になるように「カスタマイズ」できるようにすることも、「愛情」を持っていただくための「売り物」の打ち手になります。

例えば、大型バイクの「ハーレーダビッドソン」は色々なパーツを自分好みに組み合わせて、「自分だけの1台」を作る楽しみが「ウリ」の1つです。「10,000点に及ぶ純正パーツ＆アクセサリーなら、あなただけの1台を創ることができます」(同社HP http://www.harley-davidson.com/content/h-d/ja_JP/home/hd1-customization/guide-to-customizing.html) とのこと。自分の体型に合わせるのはもちろん、自分好みのデザインにするという自分流にこだわった「オリジナルバイク」が作れるのもオーナーの楽しみの1つとなっているようです。

そこまで大がかりでなくとも、手軽にできることもあります。スターバックスの「クリエイトユアタンブラー」（コーヒーなどを入れる携帯用カップ）は、外側の透明プラスチックと中身を入れる部分に写真や絵などを入れたりして、「自分だけのタンブラー」を作ることができます。ある店では、店員さんがお客様のために作ってあげる、というようなこともありました。「自分だけのタンブラー」があれば、スターバックスに行く回数が増えそうです。

無印良品は、一部店舗で刺しゅうのサービスを行っています。買った洋服や雑貨に、有料で刺しゅうをしてくれるのです。自分の名前などはもちろん、手書きのイラストなども刺しゅうできるとのこと。これも「自分だけの一品」をカンタンに提供できる面白いアイディアですね（同社HP　http://www.muji.net/shop/service/embroidery.html）。

　このような方策は、やり方次第で色々とできるものです。ぜひお考えになってみてください。

コラム

地球の裏側で売っている「良いもの」を知っていますか？

　「良いものを作りさえすれば売れる」という言葉は、結構耳にするように思います。

　もし、本当に「良いものを作りさえすれば売れる」のであれば、あなたは、日本の裏側の南米にある「良いもの」を買ったことがあるはずですよね？　当然南米各国にも「良いもの」はあるでしょう。逆に、良いものを作ってさえいれば、南米各国から発注がどんどん来るでしょう。

　そうならないのは、そもそも「知らない」「知られていない」からです。

　お客様は「知って、買って、使って、ファンになる」というプロセスを踏みます。

　「知って、買って……」というプロセスの最初の「知って」がクリアできていないから、南米各国の「良いもの」を買わない、そして南米各国に日本の「良いもの」が売れない、というわけです。

> なお、「南米各国」というのはあくまで例であり、そこに良い
> ものがある・ない、という話をしたいわけではないことは、念の
> ため申し添えておきます。もちろん南米各国にも良いものが多く
> あることは当然のことです。
> 　「良いものを作って、それがきちんとお客様に伝われば売れる」
> というのであれば、それはそうでしょう。しかし「良いものを作
> りさえすれば売れる」という言葉は、明確に「誤り」です。
> 　ちなみに、「良い物を作って、それが伝わってもいるのに売れ
> ない」という場合、そこでいう「良い物」は「自社から見て」良
> い物であって、「お客様にとって」良い物ではない、ということ
> でしょう。「お客様にとって」良い物であり、しかもそれがお客
> 様に伝わっているのであれば、売れるはずです。

3 プロダクトフロー：売り物・売り値の最適化

> **ミニケース**
>
> 土産物店の店長さん。主力商品は、焼き菓子が12個入った2000円のセット。お客様からよく「試食してみたいんだけど」と言われますが、試食は手間とコストがかかるため難しいと考えています。「試食以外に良い方法はないのだろうか……」と呟きました。
>
> あなたなら、この店長さんにどんなアドバイスをしますか？

(1) ココロの流れに合わせる「売り物」の流れ

●プロダクトフロー：あげる商品→売れる商品→売りたい商品

マインドフローは、「知って、買って、使って、ファンになる」というお客様の「ココロの流れ」です。その流れに合わせて自社の打ち手を最適化していこう、というのが本書全体の趣旨です。

「売り物」にもお客様の「ココロの流れ」に合わせた「売り物の流れ」があります。それが「プロダクトフロー」です。

プロダクトフローの基本的な考え方は、「自社が売りたいような高額商品をいきなり買うのはお客様にとってハードルが高い。その前に買いやすい商品から入って慣れていただくことで、ハードルを下げる」というものです。

具体的には、商品構成として「あげる商品」「売れる商品」「売りたい商品」の3つを考えよう、ということです。

●あげる商品

「あげる商品」は、その言葉通りにお客様に「あげる」商品です。例えばシャンプーやお菓子などでは、その一部を「サンプル」としてお客様に無料で配布します。まさに「あげる」わけです。商品にお金を払って買っていただく前に試用していただくことで、買うというハードルを下げているわけです。

「あげる商品」が対象とするお客様は「潜在顧客」であり「新規顧客」です。既存顧客はもう使ったことがあるわけですから、既存顧客に「試用」していただく意味は薄いです。

「あげる」わけですから、販促費用がかかる分、利益としてはマイナスになります。

図3-1　プロダクトフロー

	あげる商品	売れる商品	売りたい商品
	くれるならもらうよ	結構良かった。買ってみよう	これはいい。もっと欲しい	もうこれ無しじゃ生きられない
目的	試用	売上・購買促進	利益・愛情
利益	売上0・販促費用	高売上・低利益	高利益
購買者	新規顧客	ライトユーザー	ファン・リピーター
マインドフロー	認知／興味／行動	比較／購買／利用	購買／利用／愛情
例)ガム	配布サンプル	1個	5個パック
例)カフェ	店頭試飲	店内で飲むコーヒー	家で使うコーヒー豆
例)プリンタ	店頭の印刷サンプル	プリンタ	インク

●売れる商品

「売れる商品」は、お客様にとっては「買いやすい」商品です。例えば低価格だったり、バラ売りの商品です。ガムなどですと、普通の100円前後で売られる商品ですね。

「売れる商品」が対象とするお客様は「ライトユーザー」です。「大ファン」というよりは、たまに買っていただけるようなお客様ですね。大ファンよりライトユーザーのほうが数としては多い

ため、客数は多くなります。

　売れる商品は、一般的には単価が低いのですが、多くの量が売れるため、売上が稼げる商品です。

● **売りたい商品**

　「売りたい商品」は、まさに売り手が「売りたい」、利益を稼ぐための商品です。例えばガムでしたら、同じガムが5個詰められた、「5個パック」の商品です。単価が5倍（割引されることがありますので実際にはもう少し安いでしょうが）になり、1つあたりの利益額が高まるわけです。

　「売りたい商品」を買っていただけるお客様は、通常は「ファン」であり、リピーターです。その商品を気に入っていただいているからこそ、ガムの「5個パック」を買うなどのまとめ買いをするわけです。

　「売りたい商品」は、一般的には高単価ですが、顧客の数としては少ないために売上自体はあまり稼げないことが多いです。しかし、利益率が高く、利益を稼ぐための商品です。

● **プロダクトフローとマインドフロー**

　プロダクトフローとマインドフローは、相互に対応しています。

　あげる商品」は、マインドフロー前半の「認知」「興味」「行動」関門を通過していただくためのものです。

　店頭で「あげる商品」を受け取ってもらえれば、それはお客様が「サンプルを受け取る」という「行動」をしたわけですから、「行動」関門までを通過した、ということになります。街角で商品のサンプリングをしている光景はよく見ますが、それはサンプ

リングが一気に「行動」関門まで通過できる有効な施策だからでしょう。

スーパーや土産店の「試食コーナー」も同様に、売り場で「お客様の足を止める」という「行動」関門の施策ですね。

「売れる商品」は、マインドフロー中盤の「比較」「購買」「利用」関門を通過していただくためのものです。新規顧客に最初に買っていただく商品、ということです。そして使っていただいて良さを実感していただき、「もっと欲しい」と思っていただくことを促進します。

「売りたい商品」は、マインドフロー後半の「購買」「利用」「愛情」関門、特に「愛情」関門に向けた商品です。「ファン」となっていただいたお客様に、より深くおつきあいいただくための商品です。

このように、お客様の「ココロの流れ」に合わせた商品設計をすることで、お客様に無理なく「売りたい商品」へと流れていただこう、というのがプロダクトフローの考え方です。

プロダクトフローは「売り物」と同時に「売り値」についての最適化も考慮している手法です。

「あげる商品」は、「売り値」はゼロです。「売れる商品」は、初めてのお客様でも買いやすいような価格設定にします。「売りたい商品」は、利益が十分に取れるような価格になります。

お客様のココロの流れと一致しているため、お客様にとっても自然なカタチで自社が利益を得やすくなるわけです。

●やり方次第で色々作れる「あげる商品」

「売れる商品」「売りたい商品」は、既存の商品・サービスに既

に存在する、という場合が多いでしょう。

その意味では、「新たに作る」必要性が大きいのが「あげる商品」です。

メーカーだと「サンプル品」「お試し品」などが比較的作りやすいですね。士業の方などの「サービス業」では、作りにくいと思われるかもしれませんが、やり方次第では色々可能です。

まず、「情報」は「あげる商品」となり得ます。商品・サービスの情報では単なるカタログとなってしまいますのでそうではなく、「お客様のお役に立つアドバイス」です。

・こういうときにこういうふうに使うとカンタンに解決できる
・自分にあった商品の選び方はこれこれこう

といったような「お役立ち情報」は、「あげる商品」になりますね。私は、「売れたま！」(sandt.co.jp/uretama.htm) という無料メルマガを発行しています。2015年1月現在、読者数は3万人を越えており、本書の内容のマインドフローや戦略BASiCSの使い方事例などを発信しています。これは典型的な「あげる商品」です。

士業の方は診断・相談がそもそもの「売り物」ですのでやり方に気をつける必要はありますが、「無料診断」「無料相談」などは良い「あげる商品」となり得ます。直接の面談ではなくメールでの相談に限る、など、やり方は色々あると思います。

もちろんメーカーにおいても「情報」は有力な「あげる商品」となり得ます。お客様にとって役立ち、かつ自社の「売れる商品」の購買につながるような情報を探してみましょう。意外とあるものです。「なければ作る」意気込みで頑張りましょう！

(2) プロダクトフローの事例

●みやげ品の「バラ売り」をする駅売店

ではここから、プロダクトフロー的な考え方をうまく使っている事例を紹介してまいります。

まずは、ある地方の主要駅の売店での話です。通常、菓子のおみやげ品というと数個入りの詰め合わせが1000～2000円前後で売られています。

その売店では、例えば水ようかんが1つ300円程度でバラ売りされています。そして、6個入りの箱入り商品が1800円程度。

「売れる商品」がバラ売りの1つ300円で、「売りたい商品」が6個入り1800円の詰め合わせ、なのでしょう。

このような売り方は実は珍しいことで、通常の土産物店で「バラ売り」されていることはあまりありません。東京駅でも、羽田空港でも、お土産を買おうとすると詰め合わせされたものばかりのように思います。

自分で食べたことがないものをお客様におみやげとして持って行くのは少々不安ではありませんか？　しかし、1つ試すためだけに詰め合わせを買うのももったいないです。

バラ売りされていれば、電車の中などで自分のおやつ代わりに試しに食べてみて、おいしければ次に来たときにはその詰め合わせをおみやげとして自信を持って買うことができます。

これは非常に良い取り組みだと思います。他の店でやっていないのが不思議でしょうがありません。バラ売りだと何らかの理由でコストがかかるというのであれば、少し価格を高めに設定すればよいだけです。

土産物関係の方、ぜひおやりになられてみてはいかがですか？

●「アーティスト」のプロダクトフロー

　プロダクトフローの全体の構成がわかりやすいのが「アーティスト」です。例えば松田聖子さん（ここはAKB48でも、嵐でも、アナタのお好きな方のお名前に置き換えてください）とします。

　「あげる商品」がテレビ出演や有線・ラジオ放送で流れる曲、ですね。そこに我々はお金を払っていません。無料で聴いて、曲を「認知」し、良い曲だな、と「興味」を持つわけです。

　良い曲だなと思えば、CDを買います。CDが「売れる商品」であり、それが「購買」関門の通過、となります。

　何曲も聴いて「ファン」になると、「コンサートに行って生で聴きたい！」と思うようになります。それが「売りたい商品」でしょう。さらに、もっと近くで聴きたいと思えばディナーショーに行くかもしれません。松田聖子さんのディナーショーは５万円近くします。相当利益率は高いでしょう。

　聴いている「曲」自体は、無料のテレビであろうと、CDであろうと、ディナーショーであろうと同じです。曲は同じでも提供方法を変えることで、うまく「売り物の流れ」を作っているわけです。

　「歌」は見えないものです。原材料は、モノではなく「アイディア」であり「人ののど」です。それにもかかわらず、それを色々なカタチの「商品」として展開して利益を作っている、という意味で、非常に学ぶべきものが多いと考えています。

図3-2　アーティストのプロダクトフロー

	あげる商品	売れる商品	売りたい商品
	くれるならもらうよ	結構良かった。買ってみよう	これはいい。もっと欲しい / もうこれ無しじゃ生きられない

アーティスト	TV、FM、有線、Youtube	CD：3000円	ライブ・ディナーショー：1万円
	数十万人以上	5万人	5千人
	コストのみ	収支トントン？	稼ぎ頭
マインドフロー	認知　興味　行動	比較　購買　利用	購買　利用　愛情

売っているモノ（曲）は同じ。媒体が違うだけ

●繁盛する飲食店のプロダクトフロー

次の事例は東京・目黒の「大衆ビストロ　ジル」。『2013年4月の開店から1年足らずで、店舗面積21坪（約70平方メートル）で月商1050万円を売り上げる繁盛店になっている。ジルの目玉が牛や豚をぜいたくに使った肉料理だ』『例えば、人気トップクラスの160グラムある牛肉の塊を煮込んだ「牛ホホ肉の赤ワイン煮込み」。価格は940円で、原価率は64％に達する。肉料理だけに注文が集中しては、利益が出なくなってしまう』『そこで効果を上げているのが、人気メニュートップ3を伝える看板だ。店内の目立つ場所に掲げておくことで、スタッフが薦めなくても、お客は一

番人気の「熱々アンチョビキャベツ」を注文してくれる』『価格が560円で原価率は18％と、利益確保に貢献している』とのこと。

　飲食店の原価率は通常３割前後ですが、「目玉商品」（＝「売れる商品」）として、原価率が64％にもなる「オトク」なメニュー「牛ホホ肉の赤ワイン煮込み」などで集客します。そして、店内では利益率の高い「熱々アンチョビキャベツ」などの「売りたい商品」を看板などでお勧めし、利益を稼いでいるわけです。

　また、飲み物でも『ドリンクの売り上げのうち、ワインが占める割合は４割程度。それ以外をサワーやハイボールなどが占める。実は、これらは原価率が７〜10％と、ワインに比べて格段に低い』と、「売りたい商品」を作っています。

　「お客様の嬉しさ」と「原価の高低」は本質的に無関係です。飲食店から見て、ハイボール（ウイスキーの炭酸割り）の原価はビールの原価より遙かに安いため、ハイボールが「売りたい商品」になることはよくあるようです。が、飲む人にとっては原価の高低はどうでもよく、「おいしければそれでいい」わけです。お客様の嬉しさと原価のギャップを利用した、うまい手法ですね。

　『こうした工夫により、フードとドリンクを合わせた全体の原価率を35％程度に抑えている』（『』内は2014年４月号「日経レストラン」P.34-36 激戦区話題店／居酒屋的なビストロが人気 地下で坪月商50万円を達成）とのこと。

　全てのメニューの原価率を同じにするわけではなく、「売れる商品」の原価率は上げ、目玉商品として集客と差別化につなげる一方、「売りたい商品」をきちんと設定して利益につなげているうまい手法ですね。

●BtoBのプロダクトフロー

プロダクトフローは、BtoB（法人顧客対象のビジネス）でももちろん使えます。BtoBの事例を1つご紹介しましょう。

『様々なキャラクターが氾濫するなか、ユニークな手法で新たなヒットを生み出す企業がある。レコード会社として知られる、ビクターエンタテインメント（東京・渋谷）だ』『仕掛け人である栗原洋e-lab長（49）に、斬新な手法が生まれた背景を聞いた』

『「そこで11年春、企業などが保有するキャラをネットで調べ上げ、面白いと思えるキャラを持つ200社程度をリストアップ。『営業』をかけ始めました」

結果、約50社と面会し、うち約15社と契約した』と、高確率を記録。すごい成功率です。

そのヒミツは『「我々の仕組みが2段階方式だからだと思います。最初はキャラの認知度を高める楽曲・映像の制作を提案します。こちらは、せいぜい数十万円の制作費で済む話」「その後、互いに合意すれば、我々がキャラ関連の権利許諾の窓口となり、玩具などの商品化を行い、権利料を分配する段階に発展するわけです」』（『』内は2012/11/02 日経MJ P.20）。

つまり、いきなり「キャラクターの契約」を申し出るとハードルが高いですが、まずはそのキャラクターの曲などを数十万円で作りませんか、という提案をするわけです。それでしたらハードルが低く、相手も「乗りやすい」わけですね。

「売れる商品」が「キャラクターをPRする曲・映像」であり、「売りたい商品」がその「キャラクターとの契約」という「2段階方式」にしているのが、営業がスムーズにいくための仕掛けだったわけです。

プロダクトフローという言葉をこの方はご存じないでしょうが、成果を出される方はこのようなことを自然にやってらっしゃるわけです。

● **プロダクトフローを使った「新しい稼ぎ方」**
　プロダクトフローの考え方を使うと、新しい「稼ぎ方」ができるようになることもあります。
　コーヒーのネスレが「オフィス　アンバサダー」というプログラムを推進しています。オフィスのどなたかがネット上で会員登録をすると、そのオフィスにコーヒーマシンが無料で提供されます。ネスレはそのマシン用のコーヒー豆を買っていただくことで稼ぐ、というものです。
　オフィスでコーヒーを飲みたい方は多いでしょうから、会社から見ると福利厚生の一環にもなります。それが人気を呼び、『1杯当たり約50円のお得感も受けて、応募者は1月末までに約11万人に達した』(『』内は2014/02/21 日経MJ P.1) そうです。
　数万円のコーヒーマシンが「あげる商品」、コーヒー豆が「売りたい商品」という手法ですね。
　このように、プロダクトフローを骨格とした商品設計をしていくことで、今までとは違う「稼ぎ方」も考えやすくなります。
　しかも、それは「お客様のココロの流れ」（＝マインドフロー）と軌を一にしているものですから、お客様にとっては受け入れられやすいものになるのです。

4 | 売り方・売り場・売り値の最適化

> ミニケース
>
> 美容院の店長さん。お客様に出すハガキのキャッチコピーで悩んでいます。「春はイメチェンの季節、髪を切ろう！」と書いたところでそれを見たスタッフから「店長、それだとウチの店じゃなくて他の店に行っちゃうかもしれませんよ？　どの店でも髪は切れますから」と言われ、「なるほど」と納得。「じゃあどうすればいいんだ？」とスタッフに訊くのもちょっとシャク。
>
> あなたなら、どんなキャッチコピーにしますか？

（1）売り方の最適化：関門によってメッセージ・媒体が変わる

●どんな媒体に、どんなメッセージを載せるか

　ここまでは「売り物」について見てきました。次は「売り方」「売り場」「売り値」について考えていくことにしましょう。ここからは、商品・サービスは変えない打ち手になります。広告・販促・営業部門の方はぜひご熟読いただければと思います。個々の事例に入っていく前に、「売り方」「売り場」がマインドフローによってどのように最適化されるのかという全体像を捉えていただきます。

まずはマインドフローによる「売り方の最適化」から見ていくことにします。「売り方」は、広告・宣伝など、お客様に「何をどのように伝えるか」が主眼となります。

　　売り方　＝　メッセージ　×　媒体

となります。「メッセージ」が何を伝えるか、「媒体」がそのメッセージを載せるものは何か、ということですね。

「テレビ広告」の場合は「媒体」が15秒や30秒のテレビ、「メッセージ」はその映像、となります。

「営業」も「売り方」に入ります。「媒体」が「営業担当者」で、「メッセージ」がセールストークや営業の際にお客様に見せるパンフなど、となります。

「商品サンプリング」は、「媒体」が「試供品」であり、そこに込められた「メッセージ」が「試していただき、よろしかったらご購入ください」ですね。

「売り方」というと無限にありそうですが、その本質は、メッセージと媒体の組み合わせ、ということです。

● **課題関門によって、伝えるべき「メッセージ」が変わる**

マインドフローが成果を発揮する使い方の1つが、「モレポイント」となっている「課題関門」を探し、そこに集中して手を打つことで「モレ」をふさぐ、というものです。

「課題関門」が何であるかによって、伝えるべきメッセージは変わります。広告などの「制作物」のことを「クリエイティブ」と呼びますが、その「クリエイティブ」が課題関門によって変わ

る、ということです。

　例えば「認知」関門が課題なのであれば、知られていないのですから知らせましょう、ということになります。このときに必要なメッセージは「自己紹介」です。知らない人に対して、いきなり「ご愛顧をお願いします！」ということにはなりません。

　また、「比較」関門が課題なのであれば、要は競合に取られているということですから「強み」（＝お客様が競合ではなく自社を選ぶ理由）を伝えましょう。この場合はお客様は既に「認知」関門は越えているわけですから、「自己紹介」をする意味はありません。

　DMでお客様に健康食品を買っていただく、としましょう。まだ自社のことを何も知らないお客様に対しては、「自己紹介」をした上で、無料の試供品や低価格のお試しセットの購入などを促進します。一度買っていただいたお客様には、購入に対するお礼を述べた上で「リピート」を促進します。お客様と自社との関係が深化していくにつれて、メッセージを変えていく必要があるのです。

　お客様の「ココロの流れ」に合わせて伝えるメッセージを変えていくという「当たり前」のことを、モレなく、丁寧に、体系的にやっていこう、ということです。

●課題関門によって、適切な「媒体」が変わる

　課題関門によって、適した「媒体」も変わります。

　例えば、広く速く「認知」を高めたいのであれば、テレビ広告や新聞広告などの多数に一気に届くマス媒体を集中的に使うことが有効でしょう。ファンとなってくださったお客様と接触を保ち

たいのであれば、DMや会報誌などを定期的に送り続けることや、「ファンの集い」といったものを開催することが有効でしょう。

このようなことは自然に行われていると思いますが、それをマインドフローの関門別に体系的に考えると、媒体の役割の明確化がしやすくなります。

図3-3「課題関門別の適したメッセージ・媒体」に、課題関門別に、適したメッセージと適した媒体の目安をまとめておきましたので参考にされてみてください。あくまでも目安ですので、このようなチャートをご自分でお作りになられてもよいかと思います。

伝統的な媒体の使い方と言えば、テレビや新聞などのマス媒体が「認知」「興味」「行動」関門くらいを担当し、次の「比較」「購買」関門は、店頭の店員もしくは営業担当者が担当し、そのフォロー（「利用」「愛情」関門）をコールセンターが行う、というようなものが多かったと思います。

現在は、HP（ホームページ）などの新しい媒体が登場しました。HPやブログなどは、その媒体上で「認知」→「愛情」までの全ての関門を越えることができる希少な媒体だと私は考えています。HPなどのウェブ系の媒体は、「媒体として果たす役割」として画期的なのです。

ただ、HP全体としてマインドフローの７関門をカバーする、ということであり、HPのどのページが７関門のどの関門を担当するか、という役割の定義は必要です。

例えば、「認知」関門には検索エンジンなどにうまく検索してもらえるような言葉・コンテンツを持つページが必要になります。お客様に「比較」関門を通過していただくためには、自社商

第3章　実行の章

図3-3　課題関門別の適したメッセージ・媒体

関門	適したメッセージ		適した媒体
認知	自己紹介型	こんな人向けのこんな商品で、いくらで、こんなベネフィットがあり、ここで買えます	TV、ラジオ、新聞、雑誌の広告 / イベント・展示会 / TV通販 / DM通販 / HP
興味	ニーズ喚起型	こんなことにお困りだったことはありませんか？この商品があれば、そんなときも…	
行動	行動促進型	今ならこんなに役立つ資料が無料でもらえます。今すぐwww.nantoka.comへ!	
比較	強み強調型	この商品にしかない機能はこれとこれで、だからこんなに使いやすい!	営業担当者、店舗、コールセンター
購買	購買促進型	クレジットカードも使えますし、今なら分割手数料ゼロ! しかも自宅までお届け!	
利用	利用促進型	こんな使い方ができてすっごく便利! 使い方マニュアルはこれ!	ユーザー会 / SNS、メルマガ、情報誌
愛情	感謝型	本当にありがとうございました。これからも頑張っていきます。ぜひご意見をください	

品・サービスの「強み」をわかりやすく説明するページも必要でしょう。「利用」関門を通過していただくためには、その商品・サービスの「使い方」を解説するページも必要です。HPを構築

する際に、どのページがどの関門をカバーするかという役割分担の明確化にもこのチャートは役立つでしょう。

●「情報拡散型」の媒体・「情報蓄積型」の媒体

インターネットなどの新技術がもたらしたもう1つの変化が「情報蓄積型」媒体の登場です。

テレビ・ラジオ・雑誌・新聞などの伝統的な広告媒体は、「情報拡散型」の媒体です。一度その広告を見たら終わりで、もう一度見たいと思っても見る手段があまりありませんでした。

しかしHPやブログなどは、情報を「蓄積」し、その情報をもう一度参照したくなったらすぐに見に行くことができる「情報蓄積型」の媒体です。このような「情報蓄積型」の媒体は今まではあまりありませんでした。

「蓄積」ができるということは、「時間をかけて蓄積した情報そのもの」が「独自資源」になり得る、ということです。例えばお客様の「使い方」を「蓄積」すれば、それだけで大きな価値がある情報集積となり得ます。その考え方を進化させたのが価格.com（お客様のコメントの集積）やクックパッド（レシピの集積）などの情報集積そのものに価値を持たせたサービスですね。

「情報蓄積型」の媒体の登場は、その「情報」（＝コンテンツ）の作り方の上手さが競合優位の源泉（＝独自資源）となる、ということを示唆しています。

また、「情報拡散型」の媒体と「情報蓄積型」の媒体の連動も重要になってきています。「蓄積した情報」を拡散型の媒体にうまく載せることで、情報を蓄積した媒体に誘導する、というサイクルが回せるのです。例えば、自社サイトの情報がニュースとし

てYahoo!のトップページなどに載れば、自社サイトへのアクセスが一気に増えます。そこで、他の情報もご覧いただく機会が増える、ということです。

　この情報の「拡散」と「蓄積」という概念は今まであまり注目されてこなかったと思いますが、ウェブ系の媒体の登場でその重要性が一気に高まったと私は考えています。

(2)売り場の最適化とオムニチャネル

●「売り場」は、広い意味での売り場
　次はマインドフローによる「売り場の最適化」について考えていきます。「売り場」は「販路」「チャネル」全てを含む広い意味での「売り場」です。商品・サービスを売る・届ける、全ての顧客接点です。

- 商品を売る自社店舗
- 商品を売るインターネット販売サイト
- 自社の営業担当者
- 自社の商品を置いてくれる小売店
- 自社の商品を扱ってくれる販社・代理店
- カタログ販売の場合は「カタログ」自体が、ネット販売の場合はネット自体が売り場

　このように、「売り場」には色々なものが入ります。
　「売り場」に限った話ではありませんが、「売り場」はそれ自体で成立するものではなく、「売り物」「売り方」「売り値」という

4Pの他の要素との関わりにおいて成立します。広告（＝売り方）で「認知」した「商品」（＝売り物）の実物を実際に手にとって見てみたい、という「行動」関門を通過すべく、店舗（＝売り場）にいらっしゃるわけです。**全体の一貫性が重要なのです。**

例えば、広告では「お店で試してみてくださいね」と訴求しているのに店舗で商品を試せなかったとしたら、広告（＝売り方）と店舗（＝売り場）の一貫性がありませんし、せっかく「行動」関門（＝店で商品を試す）を通過しようとしてくださっているお客様の要望に応えられず、マインドフローの「流れ」がそこで止まってしまいます。

ですので、4Pの他の要素、さらにはマインドフローの関門の流れという全体を考えた上で、「売り場」を最適化していく必要があります。

●インターネットの登場による、購買行動の変化と「オムニチャネル」「O2O」

「売り場の最適化」という意味で最近聞かれるようになった言葉が「オムニチャネル」です。マインドフローにとっても重要な言葉ですので、ここで取り上げておきます。

「オムニチャネル」の「チャネル」は、「販路」であり、ここでいう「売り場」です。そして「オムニ」の英語の元々の意味は、「すべて」くらいの意味でしょう。「オムニチャネル」を強引に意訳すると「全ての売り場」くらいの意味になるでしょうか。

その定義は色々と出ていますが、セブン－イレブンなどを展開する株式会社セブン＆アイ・ホールディングスのHP（http://www.7andi.com/company/challenge/1214/1.html）から引用してみましょう。

『「オムニ」とは、「さまざまな」や「あらゆる」という意味で、「オムニチャネル」というのは、テレビや新聞・雑誌など既存のメディア、SNSやEメール、ネットショップ、そしてリアル店舗などを通じ、お客様が自宅でも、外出先でも、つねに多数のメディアで商品情報に触れながら買物ができる環境を指しています』とのこと。

　具体的には、『たとえばリアル店舗では限りある売場スペースに、あれもこれも品揃えしておくことは不可能です。しかし、たくさんの商品を在庫できるネット店舗と連携して、タブレット端末などでお客様が店頭で注文して、受け取り日時や場所を指定できるようにすれば、店頭に並んでいない商品があっても店頭で買うのと同じ感覚でお買上げいただけます』ということですね。

　要は、

・お客様が知りたいところで知り、

・お客様が買いたい場所で買い、

・お客様が受け取りたい時に、受け取りたい場所で受け取る

というお客様にとっては「当たり前のこと」の実現が「オムニチャネル」の目指すところと言えるでしょう。

　「オムニチャネル」は別に今に始まったことではありません。

　例えば家電製品などは、

・テレビCMで知り（認知・興味）

・知り合いと話して確認し（行動・比較）

・電機店で買う（購買）

というような、「オムニチャネル」は昔からありました。

　そこに「ネット」が登場したこと、さらには宅配便の物流網の発展などにより、

・ネットで知り（認知・興味）
・ネットで商品を比較し（行動・比較）
・ネットで買い（購買）
・宅配便で受け取る

などの新たな購買行動が生まれ、チャネル間を縦横無尽にまたがる購買行動が「当たり前」になったがゆえに、売り手側でも「複数チャネル間の最適化」を考える必要性が出てきたのです。

合わせて「O2O」（オーツーオー）という言葉も説明しておきます。「Online To Offline」の略称とされています。Onlineが「実店舗」、Offlineが「ネット」を意味し、ネットと実店舗との融合、という意味合いで使われているようです。「O2O」をさらに広くした概念がオムニチャネルと言えるでしょう。

●「オムニチャネル」「O2O」は、マインドフローの一部

勘の鋭い方はお気づきでしょうが、「**オムニチャネル**」も「**O2O**」**も要は「お客様のココロの流れ」（＝マインドフロー）に基づき、ココロの流れに応じて売り方・売り場を最適化しよう**、という話なのですね。

誤解を恐れずに言い切ってしまえば、オムニチャネルはマインドフローの「一部」です。「マインドフローの流れ」の中での「売り場の最適化」であり、さらに「売り場」「売り方」「売り物」の連携を強化する、ということです。つまりは本書でいう「増客設計図を完成させること」の「一部」なのです。O2Oはオムニチャネルの一部ですから、同様のことが言えます。

「売り方」「売り場」を主眼とするオムニチャネルに対し、マインドフローはそれに加えて「売り物」「売り場」も包含される考え

方ですので、それよりも遙かに広い概念です。

	売り物	売り方	売り場	売り値
認知	○	◎	◎	○
興味	○	◎	◎	○
行動	○	◎	◎	○
比較	○	◎	◎	○
購買	○	◎	◎	○
利用	○	○	○	○
愛情	○	○	○	○

　増客設計図において、オムニチャネルが主な対象とするのが「◎」の部分です。マインドフローは◎と○の部分全てをカバーします。O2Oは、「売り場」の「行動」「比較」「購買」の3つくらいでしょうか。

　この表中の◎・○が全てつながっているような「網の目」を想像されてください。それがマインドフロー全体の最適化であり、「増客設計図」の完成となります。メーカー、小売り、卸、など業種・業態を問わず使えること考え方であるが、この図からわかります。

　「オムニチャネル」という言葉は新しいですが、その概念としては別に新しいものではありません。私がマインドフローを使ったそのような考え方を公に提唱したのは、拙著『図解　実戦マーケティング戦略』（2005年4月）ですから大分前の話ですね。やっと現状が理論に追いついてきた、とも言えます。

　「オムニチャネル」「O2O」などの「新しい言葉」は絶えず出

てきますが、その「新しい言葉」に惑わされず、その言葉の「本質」は何かと考えると、「新しい言葉」の意味するところは実は昔から言われていることだった、ということは非常に多いのです。マーケティングのほとんどの課題は、古くて新しいものです。

(3) 認知・興味：「知らない」→「知らせよう」

●お客様が「知らない」のであれば「知らせよう」

ここまでは「売り方」「売り場」をマインドフローがどのように最適化するのか、という考え方を見てきました。

ここからは「売り方」「売り場」の、関門ごとの具体的な打ち手を考えていきましょう。

「売り方」「売り場」の「認知」「興味」関門の主な打ち手は、「知らない」お客様に対して「知らせよう」ということです。

お客様は商品・サービスの存在に気づかなければ、買いません。売り手は、商品・サービスや店内配置などのことはよく知っていますから、ついつい「お客様も知っていて当然」と考えがちになります。その「当然」の前提を疑ってみることも必要です。第1章2（1）で、そごう柏店の事例を紹介しました。視線が下向きがちになる高齢者の方向けに、通路に大きな文字で表示をしたところ、売上が5割増しになったという事例です。それまではお客様が店内配置を「認知」していなかったわけで、お客様に気づいていただくことで大きな成果が出たわけです。

●客動線の前に「客視線」：足を止める前に、視線を止める

「売り場」における「行動」関門は、「お客様が足を止める」と

いうことになります。

　しかし、「足を止める」前に必要な「動作」が、「視線を止める」ということです。そこに何かがあることを「認知」し、「興味」を持つから足を止めるという「行動」をするわけです。体が動く前に視線が動くのです。

　これは当たり前のことですが、意外に盲点になっています。というのも、「客動線」というお客様の「行動」の推移を意味する言葉はありますが、「客視線」というお客様の「視線」の推移を意味する言葉は私が知る限り存在しないからです。

　「客動線」を変えようと思ったら、その前に「客視線」を変える必要があります。お客様に体を動かしていただくためには、まずはお客様の「視線」をコントロールするのです。

　HPの設計でも同じです。お客様にAページに飛んでいただこう（Aページへのリンクをクリックしていただく）と考えたときに、そのAページに飛ぶ前にお客様はAページの存在を「認知」し、Aページに「興味」を持っていただく必要があるのです。

　重要ですので繰り返します。**「客動線」**の前に**「客視線」**です。お客様が動く前には、必ず「視線」を動くほうへと向けます。逆に言えば、お客様に動いていただくためには、まずは「視線」をその方向へと向ける打ち手が必要なのです。

　その「客視線」をうまくコントロールした事例を１つご紹介しましょう。手づかみでシーフードをいただくというユニークな飲食店「FINGERS」の事例です。

　『オマールエビなどの蒸したシーフードをソースに絡めながら手づかみで食べるという提供スタイルの珍しさで、11坪（約36.3平方メートル）で22席ながら、月商約400万円を確保する繁盛店

が東京・神楽坂にある。「シーフードダイナー　FINGERS（フィンガーズ）」だ』という繁盛店です。

　その「認知」「興味」の仕掛けは、まずは「看板」からです。『看板の店名の下に「手掴かみシーフードのお店。」と一言、説明を加えることにしたのだ』『「手掴かみ」とあれば、「何だろう？」と足を止める人が増えると考えた」』。

　つまり、お客様の「足を止める」には、「視線」を一旦止める必要がある、そこで「手掴かみ」という一言で「興味」をひくようにしたわけです。

　工夫はまだ続きます。『そして、店名が気になったお客が立ち止まると、すぐに注文の手順や手袋やエプロンを着用する食べ方を示した大きなポスターが目に飛び込んでくる外観にしている。注文の仕方から食べ方までが頭に入る流れをうまく作り上げたことで、日本ではなじみのなかった業態を軌道に乗せるのに成功した』（『　』内は2013年11月号「日経レストラン」P.24-25 特集／お客から愛される個性あふれる店になる）。

　要はFINGERSという店名、そして店外の看板・外観に工夫をした、ということではありますが、その裏には「客視線」の周到な計算があることがわかります。

　〇認知関門：店の看板の存在
　　　↓
　〇興味関門：看板　FINGERS　「手掴かみシーフード」のお店
　　　↓
　〇行動関門：足を止める　→　大きなポスターに気づく
　　　　→　注文の手順やエプロンを着用する食べ方

このような認知→興味→行動、という「視線」の流れをうまく作り出しているのです。

媒体としては「看板」と「ポスター」という、どの店でも使っているものです。しかし、認知→興味→行動というお客様のココロの動きに合ったメッセージを載せることで、お客様が「行動」関門を越える確率を高められるわけです。

マーケティングは「確率論」であり、マインドフローは「モレる確率」を最小化する考え方です。お客様のココロの流れに合った打ち手を打つことで、モレる確率が減り、売上が増える確率が高まるのです。

●「そうだ、京都行こう。」：ニーズが発現する瞬間に、自社が選ばれるようにしよう

「認知」「興味」の仕掛け方次第で、「比較」関門を通過しやすくなる（＝競合に勝てる）ようにすることもできます。

それは、

「お客様が欲しいと思った、その瞬間を狙う」

ことです。

「そうだ、京都行こう。」というJR東海の名キャッチコピーがあります。同社HPによれば、1993年から使われているようです（http://recommend.jr-central.co.jp/others/museum/kyoto/list.html）。

これが「名」キャッチコピーになっている理由は2つある、と私は考えています。1つは、顧客からの視点です。この言葉の主語は「お客様」です。よくある売り手視点の「京都行ってください」というコピーではなく、お客様のアタマの中に思い浮かぶ自然な思考を極めて上手に「言語化」した言葉であるがゆえに、お

客様のアタマの中にスッと入ってくるのです。

　もう1つの理由は、戦略的な視点です。「そうだ、京都行こう。」と思っていただければ、北海道にも九州にも行かない、ということです。このメッセージを出したJR東海は、「自社の新幹線を使っていただきたい」わけです。首都圏から京都に行く際に一番便利な方法がJR東海の新幹線でしょう。となると、「そうだ、京都行こう。」と思っていただいた瞬間に、「**JR東海の新幹線がほぼ自動的に選ばれる**わけです。「認知」「興味」の段階で、**競合を排除できる**わけです。

　このように、「ニーズが発現する瞬間」には、競合はまだ誰もいません。ですからその瞬間に自社が最初に入り込み、「**自社が選ばれるようなニーズが発現する**」ように仕掛けることで、**自社が選ばれやすくなる**のです。

　美容院の場合、「そうだ、髪の毛切りに行こう」というメッセージを出すと、他の美容院に行かれてしまう可能性があります。「そうだ、あの美容院に行こう」と思っていただければ、自店が選ばれるわけです。

　私が通う美容院では「パイウォーター」という特殊な水を使ったヘッドマッサージをしてくれます。頭皮がキレイになるので、行くたびにお願いしています。3千円程度です。このパイウォーターをしてくれる美容院を私は他に知りません。このような場合、美容院が私にハガキを出すとして「髪を切りませんか？」ではなく「パイウォーターで頭皮をキレイにしませんか？」と書くべきですね。

　すると「そうだ、パイウォーターしよう。ついでに髪も切るか」と私が考え、その美容院が選ばれる（他店ではパイウォー

ターができないからです)、ということになります。

「認知」「興味」関門では自社からお客様に提案して「お客様に欲しいと思っていただく」ことが重要ですが、さらに、その「ニーズが発現した瞬間」に「自社商品・サービス」が選ばれるような「認知」「興味」のさせ方をすることで、一気に「比較」関門までを通過していただけるわけです。

自社の「強み」を使ってお客様の「自社商品・サービスのニーズが発現する瞬間」を喚起できるようにすればよいわけです。

あなたの商品・サービスの「そうだ、京都行こう。」は何でしょうか?「強み」で興味を喚起してみましょう。

(4)行動・比較:試せばわかる→試させよう

●行動するキッカケを作る・行動しやすくする

マインドフローの7つの関門のうちで、恐らく最も大きな「障害要因」(ボトルネック=止まりやすい場所=モレポイント)となりやすいのが、「行動」関門です。**どの関門が課題関門かわからなければ、まずは「行動」関門を疑うように私はしています。**

というのも、「認知」「興味」はお客様のアタマの中で起きることですのでまだ抵抗が少ないのですが、「行動」は、カラダの「動き」を伴うので、一気に「面倒」になるからです。

例えば、テレビCMをぼーっと見ながら「この商品、欲しいなあ」とは思うかもしれません。ではそこで、腰を上げてパソコンのところに行ってその商品を検索するか、というとなかなかそれはしないわけですね。「面倒」つまり「そこまでして……」と思うからです。ですから、

①お客様が行動するメリットを作る
②お客様が行動する際の障害を減らす

といった、お客様が「行動」を促す打ち手が非常に重要になります。

「来店するメリット」を作ったのが、百貨店のパルコです。

『パルコは店を訪れるだけで楽天のポイントがもらえるサービス「楽天チェック」を全19店に導入した。利用者はスマートフォン（スマホ）のアプリをパルコで立ち上げれば、買い物をしなくてもポイントがもらえる』『スポットライトは2011年から独自のポイントサービス「スマポ」を提供。その後、楽天の傘下に入り４月から楽天チェックを展開している。スマポを池袋パルコ（東京・豊島）で導入したところ、スマポで来店した客の６割が購買に至るなど効果があったため、全店にサービスを広げる』（『』内は2014/04/30 日経MJ P.7）とのこと。

何も買わなくても楽天のポイントがもらえるというのであれば、偶然パルコの前を通ったときに用がなくても立ち寄る「来店動機」になるわけです。

すると、「立ち寄ってポイントをもらうだけで買わないお客様が多くなるのでは？」という疑念がわきますが、『スマポで来店した客の６割が購買に至る』のですから、その来店という「行動」が、「購買」につながっていることが既に立証されています。店に入りさえすれば買い物をする、ということでしょう。「行動するメリット」を作ることの重要性がわかる事例ですね。

行動する際の「障害を減らす」という工夫も重要で、それを行ったのがマックスファクターです。

『マックスファクターは全国の百貨店や総合スーパー（GMS）、ドラッグストア向けに新型の肌測定器を導入し始めた。メークの上からでも肌を測定できるのが特徴で、短時間で美容相談を受けられるという』『従来の機器はメークを落とすため最低でも測定とカウンセリングで30分以上かかっていたが、10〜15分でできるようになるという』『実験的に設置した店舗では機器を使わなかった場合に比べて顧客の購入単価が50％以上伸びたという』（『』内は2012/08/03 日経MJ P.6）のです。

メークを落として肌診断をすると、30分以上かかります。さらに、またメークをし直さなければならない、という手間もかかります。その２つの課題を解決することで「障害を減らした」のです。肌診断に基づいた提案はお客様にも受け入れられやすいからこそ、『購入単価が50％以上伸びた』のでしょう。

●「食べればわかる」→「食べてもらおう」：まず食べてもらう炊飯器の販促

2013年の炊飯器で人気を得たのがパナソニックの「SR-SPX103」。『圧力IH炊飯器』の2013年９〜10月のランキングトップ。

『売れ筋ランキングでは、高価格帯の商品ながら「Ｗおどり炊き」を打ち出したパナソニックの「SR-SPX103」がトップに立った』『パナソニックの「SR-SPX103」は店頭実勢価格は６万〜７万円台と高めだが、２万〜３万円台の他の製品を抑えて１位になった』というヒミツは何でしょうか？

価格は競合商品の２〜３倍ですが、それでも１位になったのは、『販促計画を立てる上で、「いかにおいしさを伝えるか。原点に立ち返った」（スモールアプライアンスグループの高沼朋香氏）。

原点とは「まず食べてもらうこと」だ。炊飯器で炊いたご飯でつくったおにぎりを配布する試食イベントを東京・新宿や大阪市、名古屋市などの街頭で開いた』ということなのですね。

この商品は『パナソニックが培ってきた高温のスチーム機能などの技術と、「加圧」と「減圧」を繰り返すことで、コメをおどらせるようにして加熱する技術を組み合わせた』という、おいしく炊けるという「強み」があります。

が、その「強み」は「食べてみなければわからない」というものです。炊飯器を買う前には、その味はわかりません。

炊飯器を買う前に重要なことは、「おいしい」ことではなく、「おいしそう」なことです。おいしいかどうかは食べてみなければわからないからです。

「食べてみなければわからないのであれば、買う前に食べてもらおう」と考え、「試食イベント」をしたわけです。同じような味であれば、安い製品のほうがいいですから、6万～7万円の炊飯器が売れるはずはありません。食べてみておいしかったので、購買につながったのでしょう。

パナソニックは「試食」という「行動」関門の打ち手から、「購買」へとつなげる施策も同時に行っています。『実際の購入につなげるための仕掛けも施した。試食イベントでは、会場で配ったチラシを近隣の量販店に持って行くと抽選キャンペーンに参加できるようにしたり、イベントに登場したキャラクターの着ぐるみを量販店に立たせたりした。メーカーだけの取り組みではなく、実際の購入場所となる量販店を巻き込むことで広がりを持たせた』（ここまでの『』内は全て2013/11/01 日経MJ P.2）のです。

試食イベント→近隣の量販店　という「お客様の流れ」を作

り、「行動」関門から「購買」関門へスムーズに流れるよう打ち手をモレなく打ったわけです。マインドフロー全体を考えた、良い打ち手が首位に立つ原動力の１つになったのでしょう。

また、「買うのには不安がある」という場合、その「不安」を払拭する策としても「試していただく」打ち手は有効です。

『日産自動車は12年11月から電気自動車（EV）「リーフ」を最大30日間貸し出している。フル充電での航続距離は228キロメートルで、充電が切れる不安があり購入に踏み切れない人が多いなか「リーフ購入客（累計約４万台販売）の３割超が貸し出しを経て購入を決めている」（同社）という』（『 』内は2014/07/23 日経MJ P.7）

この「試乗」がプロダクトフローの「あげる商品」になっていることはおわかりですね。特に電気自動車などの高額商品でかつまだ浸透していない商品では、何らかの不安がある場合、「購買」にはつながりにくいものです。その間の「行動」関門に「試乗」という１ステップを置くことで、その不安を払拭できるわけです。

● 「比較」関門では「強み」をきちんと伝えよう

「行動」関門の次は、「比較」関門を見ていきましょう。

「売り方」「売り場」の「比較」関門において重要なことは、「強み」をきちんと伝える、ということです。

「強みを作る」のは「売り物」の役割ですが、その「強みを伝え切る」ことが「売り方」「売り場」の役割です。

「強みがある」ことと「強みがお客様に伝わっている」ことは、全く違う話です。強みは、きちんと伝わってこそ、「強み」と認識されるのです。少々古いですが、興味深い事例を１つご紹介し

ましょう。

　『グンゼは紳士下着「ザ グンゼ」で、機能性の高さを実演しながら販売する手法を本格導入した。スーパーなど量販店の店頭で派遣販売員が既存品との違いがわかるように実験し、消費者の指名買いを誘う』『「ザ グンゼ」は消臭効果を高め、洗剤を使わなくても汚れが落ちやすい綿下着。店頭では汗の成分を付着させた下着を水に入れて汚れの落ち方を見たり、においの成分がなくなったら色が消える特殊な溶液を振りかけ、においのつきにくさを比べたりする。昨年十二月の販売開始に合わせグンゼの社員が試験的に実演販売した店では、その前に比べ販売は平均で三割増。一週間分の商品を一―二時間で完売した店もあった』(『 』内は2008/09/24, 日経MJ P.15) のです。

　「ザ グンゼ」の強みは「汚れが落ちやすい」ということです。その強みを店頭でお客様にわかりやすく見せることで、売上が3割上がったのです。「売り物」を変えなくともその「魅せ方」すなわち「売り方」を変えるだけでも成果はあげられるのです。

(5) 購買・利用：買いやすく、使いやすく

ミニケース

広告代理店の企画担当者さん。花屋さんの団体から、「花を男性に売る企画」を考えてほしいと言われています。そうは言っても「花を部屋に飾る習慣を持つ男性は非常に少ないのではないか」と考えています。「どうすれば男性は買ってくれるのか……」と悩みはじめました。

あなたなら、どんな企画提案をしますか？

● 「購買」関門では、「買いやすく」

「比較」関門を通過すると、お客様は既に「買いたい」という気持ちになっています。

「購買」関門でモレる理由は、「買いたいのに買えない」ということです。「購買」関門での打ち手は、ですから、**「買いたいのに買えない理由」を除去する**、ということです。

例えば自動車や住宅は高額商品です。もし現金でしか買えなかったとしたら、多くの人が「買いたいのに買えない」状態になるでしょう。ですから自動車や住宅はローンで買えるようになっているわけです。

その意味で、お客様がお金を払いやすいような「支払い方法の工夫」は重要です。

最近、日本でもスマホをクレジットカード決済端末として利用するサービスを導入する店舗が増えてきています。それは、お客様がクレジットカードを使えるようにして「買いやすく」しているわけです。

『国内でスマホ決済サービスが広がりつつある。昨年９月の米ペイパルを皮切りに、楽天やベンチャーのコイニー（東京・港）、米最大手のスクエアが相次ぎ参入。これまで約10万円かかった初期費用が無料〜1000円程度に、５〜７％だった手数料が３％程度に下がり、小店舗、個人事業主も手軽にカード決済ができるようになった。加盟店の反応はおおむね良好のようだ。靴店のルッ

チュ（東京・台東）は7月に導入。散歩客が3万円する靴を衝動買いするようにもなり、売上高が7割伸びた』（『 』内は2013/10/16日経MJ P.3）のです。

　靴店の『売上高が7割伸びた』のも、「散歩客」は現金を持っていないから買えなかったのが、カードで買えるようになったからでしょう。「買いたいのに買えない理由」を除去したのです。

● タクシーを「買いやすく、使いやすく」したスマホアプリ

　「購買」関門では「買いやすく」、「利用」関門では「使いやすく」するような打ち手が重要です。その両方を同時に実現したのが、タクシー会社のスマホアプリです。

　『タクシー大手の日本交通（東京・北）が提供するスマートフォン（スマホ）向け配車アプリが100万件のダウンロードを突破した。アプリは2011年12月に開始。全地球測位システム（GPS）で自分のいる場所にタクシーを呼ぶことができる。アプリ経由の売上高は20億円。インターネットによる配車の認知度が高まってきた』『アプリ利用者の半分は新規とみられ、若者などネットユーザーの取り込みに効果を上げている』（『 』内は2013/10/14 日経MJ P.11）とのこと。

　大都市の都市部では流しのタクシーはたくさん走っていますが、郊外では必ずしもそうではありません。そんなときにいちいちタクシー会社の電話番号を調べて電話して……という手間を省き、「買いやすく」しているわけです。

　この仕組みは、他社のタクシーではなく自社を選んでいただきやすくするという意味では「比較」関門の、自社のタクシーを買いやすく・使いやすくするという意味では「購買」「利用」関門

の、そしてもう一度使っていただきやすくする、という意味では「愛情」関門の打ち手を全て兼ねていると言えます。1つの打ち手が複数の関門に対する打ち手を兼ねている、よい仕掛けです。

●「利用」関門では「使い方」を提案しよう：フラワーバレンタイン

「利用」関門での重要な打ち手の1つが「使い方を提案する」こと、いわゆる「用途提案」です。

今、「花」の売上が落ちています。『総務省統計局によると、1世帯あたりの切り花の購入額は長期的に減少傾向にある。ピークだった1997年の1万3130円と比べ、2013年には約3割減の9406円となった』とのこと。

そこで、花き業界が提案したのが「フラワーバレンタイン」。バレンタインデーに男性から女性に花を贈ろう、という提案です。これはアメリカでは一般的な習慣で、私もアメリカの大学院留学中に学校で男性が女性に花をプレゼントしているのを見ました。『「男性から女性に花を贈る2月14日」。今年2月のバレンタインシーズン、全国約8500店の生花店は店先にこんなポスターを掲げた。協力を呼びかけたのは花き業界の有志団体「フラワーバレンタイン推進委員会」（東京・中央）。20～40代男性に花を買ってもらう企画「フラワーバレンタイン」のためだ』『日比谷花壇（東京・港）の生花店「Hibiya-Kadan Style＋F」（同）では男性客が行列を作った。参加店全体でも、バレンタイン当日に花を購入する男性客は5日前と比べて6割増え、バラの相場は通常より12円上昇した』（『』内は2014/07/16 日経MJ P.5）とのこと。

バレンタインデーにチョコレートを贈る習慣も、菓子会社が仕

掛けたものです。「用途」を増やすことで、より売れやすくなるわけですね。

(6) 愛情関門

●忘れられないためには「コンタクト」を保つ

では最後の関門として、「愛情」関門について見ていきましょう。

「愛情」関門で止まる・モレるということは、ここまで「知って、買って、使って」は来たけれども「ファンにはならない」ということです。この関門では「愛情」を持っていただき、「ファンとなっていただく」ための打ち手を打つことになります。

まず、大事なことが「忘れられない」ということです。お客様は自社商品・サービスのことを常に考えているわけではありません。それどころかすぐに忘れます。あなたは、この1週間に買ったもの全てを思い出せるでしょうか？　思い出せるのは、買ったもののごく一部でしょう。**お客様はすぐに忘れる**のです。

忘れられないための打ち手の1つが「定期的なコンタクトを保つ」ことです。ハガキ1枚が来るだけでも大分違うものです。個人の関係維持と同じことで、年1回の年賀状のやりとりくらいあれば、10年ぶりに会ったとしても「お久しぶりです。いつも年賀状ありがとうございます。お子様が生まれたとのこと、おめでとうございます！」くらいにすぐ言える関係は保てるでしょう。しかし、年賀状のやりとりなしで10年ぶりに会った場合は、「あ……ご無沙汰です……」という疎遠な関係になってしまいます。まずは「定期的なコンタクト」を保つことが重要です。

『静岡県沼津市のとんかつ専門店「かつ政　原店」』での取り組

みは、『これはスタッフが客席までアンケート用紙とペンを持って行き、来店客にアンケートの記入をお願いする。記入したお客には、スタッフが手書きのメッセージと特典付きのお礼状を送付する。特典は再来店時に手作りケーキをプレゼントし、お礼状を書いたスタッフが席まで挨拶に出向くというものだ。一枚一枚を手書きする地道な取り組みは、成果が出ないうちに立ち消えがちだ。しかし、原店では最初の月に100枚だった送付数が３カ月目には700枚にまで急増。お礼状を送ったお客の約１割が再来店したので、お客70組分の増収になった』というものです。

『原店の月商は1400万円。近隣に競合相手が２店も増えたが、業績は前年同月比で約２％プラスと順調だ』（『』内は2014年２月号「日経レストラン」P.28-30 特集／人を育てる正しい褒め方、叱り方）とのこと。

お客様は、カンタンに忘れますが、ココロのこもった手書きの「お礼状」を受け取るとその店を思い出して「また行くか」となるわけですね。「お礼状を送る」という単純な取り組みではありますが、これはかなり実行が大変です。それをきちんとやるからこそ、このトンカツ店は売上が順調に伸びているのでしょう。

● 次回購買の容易化

「愛情」関門を越えた「ファン」を増やすメリットの１つが「リピート購買」の増加です。その意味で、「リピート購買」をしやすくするような打ち手も「愛情」関門の打ち手です。

例えば、我が家でお中元・お歳暮を贈るのによく使っているお店からは、お中元・お歳暮の時期になると「申込用紙」が送られて来ます。その申込用紙には前回贈った贈り先のお名前・住所・贈ったものが印刷されており、チェックボックスにチェックする

だけで前回と同じものを贈ることができるようになっています。いちいち「誰に何を贈ったっけ?」「あの人の住所はどこだっけ?」などと考えながら、送り先などを記入していく手間がかかりません。同じようなものを贈るのであれば手間が少ないほうがよいですから、このお店を使うことになりますね。

また、「年間予約」のような仕組みも「次回購買の容易化」の1つです。私は無農薬玄米をある農家から取り寄せていますが、そこでも「年間予約」を受け付けています。お米の消費量は大抵一定していますから、それに合わせて言わば「自動的」にお米が送られてきます。お米を注文し忘れ、いざご飯を炊こうとして「あ、お米がない!」というようなことのないようにしているわけです。

このように、「次回購買」を「ラク」「カンタン」「便利」にすることで、「次回は面倒だから買わない」「忘れる」というリスクを減らすことができます。

● 人と人とのつながりを作ろう

最も「愛情」関門の打ち手らしい打ち手は、「人と人とのつながり」です。お客様はもちろん血の通った人間ですし、「会社」と言えど、血の通った人間の集まりです。そのつながりこそが「愛情」です。

これが大変よくできているのが、カフェチェーンのスターバックスです。スタッフがお客様の顔を覚え、楽しく会話している光景はよく見ます(私自身も、よく通う店では顔見知りのスタッフが話しかけてくれます)。同じコーヒーを飲みに行くなら、「知り合いの店員さん」がいるところに行きますよね。

飲食店でも何でも、「常連客が多い店」というのは、そのような「人と人とのつながり」ができているものです。

そのようなつながりをネット上で築こうとする試みもされています。アパレル店の店員とお客様との「つながり」を、「スマホ上」で作ろうとしているのがアパレルウェブ。『ファッションを扱う小売店で、客が各店員のファンになるきっかけを作れないか。そう考えてスマートフォン（スマホ）向けアプリ「スタッフスナップ」を開発したのがアパレル業界向け情報サイト運営のアパレルウェブ（東京・中央）だ』

具体的には、『同アプリから閲覧できるのは、約150ブランド・約2200店の店員が着こなしを提案している写真』『閲覧者は、自分の感性に近い店員の着こなしをいつでも参考にできる。やがて客は、その店員の「ファン」になるわけだ』『実際、「アプリで見つけた店員を目当てに店を訪れる人や、店員が着こなしていた商品を目的買いする消費者が目立つ」とアパレルウェブの千金楽健司社長は話す』（『 』内は2013/01/04 日経MJ P.2）

つまり、アパレル店の店員が自ら着こなしを提案し、それをスマホ上で見たお客様が気に入った着こなしをする店員さんを目当てに店に行くようになる、ということです。「店員にファンをつける」ための仕掛けであり、それをスマホで行う、というのは面白いですね。

● リピーター化を促進する価格体系・ポイントサービス

リピートや顧客維持につながる打ち手を「仕組み」にすることも大切です。

その典型が航空会社の「マイレージサービス」に代表される、

「ポイントサービス」ですね。買えば買うほど、使えば使うほど、次がオトクになるというものです。スーパーマーケットなどでもこのような仕組みを導入し、購入金額の一定割合を購入代金に充当できる（例えば１％を１円）ようにしているところもありますね。

ポイントサービスは「ポイント」という形式をとっていますが、要はこれは「値引き」です。よって、「売り方」と「売り値」の間くらいの施策になりますね。

私が通っていたラーメン屋では、行くと必ず「次回使える餃子無料券」を配布していました。「次回購買を促進する値引きサービス」のようなものですね（実際、私はよく通っていました）。「今日使える」餃子無料券を配ってもそれは「単なる値引き」ですが、「次回使える」餃子無料券であれば、「再来店促進」の打ち手になります。

通信料金や雑誌の定期購読などでは、長期契約者ほど割引になる価格体系を導入している会社もあります。リピーターや長期間ユーザーほどオトクな料金体系になっているわけです。

これらの施策は、「愛情」が深まるとは限りませんが、「次回購買を促進する打ち手」にはなっています。

ただ、これらの施策は結局は「値引きサービス」ですので、このような打ち手に頼るのは危険です。お客様が自社のポイントカードと競合のポイントカードの両方を持てば、競合との差はつきません。実際にそうなっているケースは多いように見受けられます。

●スイッチングコストを高める

「愛情」関門の打ち手としては、競合に乗り換えにくくするという手法もあります。「スイッチングコスト」とは「乗り換えの手間・費用」のことで、それが大きいほど競合に乗り換えにくくなります。

例えば、Microsoft Officeは、Excel（表計算）やWord（ワープロ）などの各アプリケーションの操作性を共通化し、一度慣れると他のソフトに新たに慣れるのが「面倒」なようになっています。すると、他のソフトに乗り換えにくくなるわけです。

アップル社の携帯用音楽プレーヤー、iPodが大人気なのはご存じでしょう。私も数台持っています。他メーカーからより「高音質」を謳う製品も出ているようですが、ユーザーがiPodを使い続ける主な理由の1つがiTunesというiPodをパソコンとつなげて曲を出し入れしたりするiPod用のソフトでしょう。iPodから他社に乗り換えるとiTunesが使えなくなるため、曲の管理などをiTunesで行っている場合には乗り換えるのが大変面倒になります。iTunesは、iPodの利便性を高める（＝「利用」関門）と同時に、スイッチングコストを高める「愛情」関門の打ち手にもなっていると言えそうです。

●口コミがしやすくなる仕組み

「愛情」関門の最終的な目的の1つが、口コミの増加です。「愛情」関門を越えた「ファン」に将来のファン候補となる新規顧客を連れてきてもらう、ということです。

例えば私はスターバックスをお客様とのミーティング場所として指定することが多くあります。変な話、オフィスで打ち合わせ

するよりも色々な意味で快適だからです。それは、私というスターバックスの「ファン」が他のお客様を連れてくる、ということを意味しています。

この利点は、スターバックスに来店した私のお客様が今までスターバックスを知らなかった・来たことがなかったとしても、一気に「利用」関門までを通過する、ということです。気に入ればファンとなって、再来店されるでしょう。スターバックスは特にコストをかけているわけではありませんから、「売り手」から見ると非常にコスト効率がよいのが口コミです。

基本的には、「口コミを人為的に起こす」ことは難しいです。お客様に「愛情」を持っていただいた「結果」として口コミは自然に偶発的に起きるもので、口コミを自由自在に操れるのであれば誰も苦労しません。

「口コミが起きればラッキー」くらいに考え、口コミがゼロだったとしてもやっていけるようにするのが先決です。口コミに依存したビジネスは危険すぎます。

そう申し上げた上で、それでも口コミを「起こりやすくする」打ち手はあります。

「店のメニュー」を使って口コミが起きやすくなる仕組みを作っている居酒屋があります。その店では『店に入って席に案内されると、テーブルに20ページの冊子が置かれている。お客が雑誌のつもりで開くと、料理の写真と説明、値段が書かれている。メニューかと思いきや、読み進めると12星座別占いや間違い探しクイズといったコーナーが出てくる』『こんなユニークなメニューブックによって、店内で楽しませるだけでなく、店外でもクチコミを喚起することで集客に成功しているのが、個室ワイン居酒屋

「カーヴ隠れや」だ』。

このメニューがどんな役割を果たすかというと、『持ち帰りを希望するお客には新品を手渡す。お客が家族や同僚にメニューブックを見せながら話題にしてもらうのが目的だ』と、メニューが口コミを促進するわけです。

実際に『川崎店では、2013年1月のオープン直後に、雑誌形式のメニューブックを歩行者に配布した。「バッグに入れて家まで持ち帰って読んでくれる人が多い」（中村オーナー）。実際にお客が持ち帰ったメニューブックを見た家族が興味を持って、来店したケースがあったという』と、口コミを促進する仕組みになっているのがわかります。

川崎店では『2月の売り上げは120万円だったが、3月には180万円、4月には220万円と着実にアップし、単月で利益が出るようになった。「メニューブックによるクチコミ効果もあり、店の認知度が上がってきた」と中村オーナーは自信を見せる』（『』内は2013年6月号「日経レストラン」P.26-27 特集／メニューブックを変えて、もっと売れる店になる）とのこと。

「持って帰れる雑誌風メニュー」が「口コミ促進剤」のような役割を果たしているわけです。「目に見えるモノ」があることで、口コミが起きやすくなるのですね。

色々な打ち手が考えられるものですね。私たちの回りに、このような他業種の成功事例はたくさんあります。ぜひ回りにある事例から学びましょう。

最後に、この章で紹介してきた打ち手をまとめたのが209ページ図3-4です。まずは「売り物」、次に「売り方」「売り場」という順番で説明してまいりました。「売り値」の打ち手は、「売り

方」「売り場」で一緒に説明していたものをピックアップしています。

　効果的な打ち手は、この図どこかに入ります。例えば「売り方」の「利用」関門の打ち手は「用途提案」と一言で終わってしまっていますが、その用途提案だけで一冊の本が書けるほどの広さと深さを持っています。ぜひあなたなりのこの図を作られると、あなたの貴重な財産となるでしょう。

第3章　実行の章

図3-4　打ち手のまとめ

	売り物 商品・サービス	売り方 広告・販促	売り場 販路・チャネル	売り値 価格・価格体系
認知	製品に認知・興味の仕掛けを組み込む 1）機能性が一目でわかる 2）デザイン性：人目をひくかっこよさ	プロダクトフロー あげる商品： お試し品、情報提供	興味を持っていただけるように知らせる 1）視線をコントロールする仕掛け 2）自社が選ばれるような認知のさせ方：「そうだ、京都行こう。」	
興味				
行動			行動のキッカケを作る・行動しやすくする 1）来店するメリットを作る 2）あげる商品で「試す場」を作る	
比較	「強み」（お客様が競合ではなく自社を選ぶ理由）を作る	売れる商品： 低価格な買いやすい商品	強みを伝える 試せばわかるなら、試していただく	
購買	買いやすく： 1）コスト低減・性能の最適化・欠品防止 2）入りやすいお店		買いやすくする工夫：注文をラクにする	支払い方法の多様化
利用	操作性を高める 1）使いやすいインターフェース 2）製品を見れば使い方がわかる	売りたい商品：高価格・高利益の稼ぐ商品	用途提案：使い方を提案する	
愛情	1）マネされにくい「強み」を作る 2）いつも持ちたいデザイン 3）カスタマイズ		1）忘れられないようにコンタクトを保つ 2）次回購買の容易化 3）人と人とのつながり 4）スイッチングコストを高める 5）口コミ促進の仕組み	長期契約割引・リピーター割引

コラム

マインドフローはピーラー？

　マインドフローの役割は、喩えて言えば料理における「ピーラー」のようなものです。

　「ピーラー」というのは野菜の皮むき器のことで（100円ショップでも売っています）、それがあると大根、ニンジン、ジャガイモなどの皮がキレイにむけます。大根やニンジンの皮を包丁でむくのはかなり難しく、修行（というとオーバーかもしれませんが、かなりの慣れ）が必要です。しかし、ピーラーを使えば誰でも上手に皮むきができます。

　料理好きでも皮むきに不慣れな私にとっては、「魔法の道具」です。これなしでは料理できないと言っていいくらいですので、常に2つくらいの予備を台所に用意しています。

　あるテレビ番組で、包丁を上手に使えるベテラン主婦と、料理を始めたばかりのビギナー主婦が大根の皮むき競争をしました。ベテラン主婦は包丁を、ビギナー主婦はピーラーを使って、どちらが速く皮がむけるか、という競争です。

　結果は、両者ほぼ同着でした。つまり、ピーラーという「使いやすい道具」を使うことで、ビギナーの方でも「プロ並み」の結果が出せるのです。

　マインドフローも同じようなものだと考えています。あなたがマーケティングのベテランでなくとも、マインドフローのような「使いやすい道具」を手にすることで、「プロ並み」の考え方ができるようになるのです。

　マインドフローがあなたにとっての「魔法の道具」となるように、本書を書きました。ぜひご活用ください！

第4章

完成の章

全体最適を実現するマインドフローの連鎖

第3章・第4章は「実行」編です。第3章では「モレ」を減らすことを主に考えて来ました。第4章はさらに進んで「設計図」を完成し、全体最適を実現する打ち手の体系図を作っていきましょう。お客様がファンになるような「モレのない打ち手」の集大成が「増客設計図」です。増客設計図を完成させましょう！

1 | 増客設計図：お客様がファンになるように打ち手を「設計」する

(1)「偶然」を待つのではなく、お客様がファンになるように打ち手を「設計」しよう

●「ただ待つ」のではなく、お客様にファンになるように打ち手を「設計」しよう

では、いよいよ本書の最終到達目標である「増客設計図の完成」に向けて、もうひと頑張りしてまいりましょう。

「増客設計図」の基本的な考え方は既に説明してきている通り、タテに顧客のココロの流れとしてのマインドフローを、ヨコに自社の打ち手としての4Pをとって組み合わせたものです。

ビジネスの大きな目的の1つは、「ファン作り」です。そしてそのために重要なことがここまで見てきたファンになるまでの「流れ」における「モレ」「ムダ」を減らすことです。

第2章〜第3章では、この「増客設計図」における「モレ」を探した上でそこに集中して手を打つ、ということを考えてきました。バケツに水を貯めるには、まずはバケツに空いている穴をふさぐのが先決だからです。

ただ、「モレ」を減らすのは短期的な打ち手であり、「部分最適」の意味合いが強いです。ここからはお客様を積極的にファンへと導く、「全体最適」へと進化させていきます。お客様にファンになっていただく「確率」を高めるべく打ち手を「設計」する、ということが本章の主眼になります。

「増客設計図」を喩えて言えば、離れたところにある大河から、自分の家まで水を引っ張ってくるようなものです。そのためには大河から自分の家までの水路を作る必要があります。

　多くのビジネスにおいて、お客様が「ファン」になるのを偶然にまかせて「待っている」ものです。商品を出してみて、売れてファンが増えたら「万歳」、売れなかったら「残念」、というのは偶然任せですよね。それでは大河から水が流れて来るのを待っているようなものです。

　そうではなく、お客様がファンになるように「設計」する、というのが増客設計図の発想です。大河から水が流れてくるのを待つのではなく、水路を作って、「水が流れてくるように積極的に働きかけよう」ということです。

　マインドフローを使った「増客設計図」を描き、お客様がファンになるように打ち手をモレなく打つことで、お客様がファンになるのを「ただ待つ」のではなく、お客様にファンになっていただけるように「する」のです。

　マインドフローの「フロー」は「流れ」です。お客様が「認知」に始まり「愛情」に行くような「流れ」をきちんと「設計」した上で、「流れるようにする」のです。

● 「顧客の物語」を実現する「増客設計図」

　マインドフローを考える際には、「知って、買って、使って……」というお客様がファンになるまでの切れ目のない「顧客の物語」が必要、ということは第1章などで解説してまいりました。

　「増客設計図」は、その「顧客の物語」をお客様がスムーズに体験していけるように積極的に支援するものです。モレもムリも

ない形でお客様がファンになっていくように、お客様の手をひいて先へ先へと案内していくのです。

「顧客の物語」がお客様側から見た「顧客の体験」です。「増客設計図」がその「体験」を「認知」→「愛情」へとスムーズに流していくための「打ち手の集合」です。言ってみれば、**「顧客の物語」と「増客設計図」は、コインの裏表**のようなものですね。お客様から見ると「自分の体験」という「コインの表側」しか見えませんが、その「コインの裏側」には、周到な自社の打ち手の集積があるわけです。

● 「ヨコ」は「人」「媒体」が変わるために「モレ」が起きやすい

増客設計図のタテの流れは、マインドフローの「認知」→「愛情」へという流れです。増客設計図の「ヨコ」は自社の打ち手である４Pです。マインドフローのタテの関門を、そしてヨコの打ち手の間をお客様がスムーズに「流れる」ように「設計」することで「顧客の物語」が起きやすくなる、すなわちお客様がファンになっていく「流れ」ができるのです。

第３章で見てきたのは主として「タテの流れ」における「モレ」でした。マインドフローの「認知」→「愛情」の７関門のどこでモレているか、というのを「売り物」「売り方」「売り場」「売り値」という切り口で見てきました。

「タテのモレ」に加え、「増客設計図」全体の最適化のためには「ヨコの流れ」における「モレ」を考える必要があります。

「ヨコの流れ」とは、例えば「売り物」を担当する「商品開発担当者」と「売り方」を担当する「広告・販促担当者」「営業担当者」との意思疎通であり、連携の取れた行動です。

また、「売り方」である「テレビCM」「雑誌広告」から、「売り場」である「お店」へお客様を誘導する、という「媒体間の流れ」を作ることでもあります。

この、「ヨコの流れ」が飛ぶところすなわち「人」「媒体」が変わるところは「モレ」が起きやすいところです。

●「ヨコの流れ」を作ってヒットしたソニーのデジタルビデオカメラ

「ヨコの流れ」というのは、自社の４Ｐの一貫性です。例えば「比較」関門通過のカギは「売り物」で強みを作り、「売り方」ではその強みをきちんと伝える、という「売り物」と「売り方」の「ヨコの一貫性」です。

よく見られるのは「売り物」を担当する「商品開発担当者」と「売り方」を担当する「広告・販促担当者」の乖離です。「商品開発担当者」は「自分たちは良い物を作っているのに、売り方が悪いから売れない」と文句を言い、「広告・販促担当者」は「商品開発担当者がろくなモノを作ってこないから、売り方ではカバーできない」と文句を言うような光景はどの会社でも（ある程度は）見られます。これは「ヨコの流れ」が分断されているわけです。

そうではなく、きちんと「売り物」と「売り方」が連携して同じメッセージを発信できるようにする必要があります。

その連携がうまくいった事例があります。少々前の話ですが、わかりやすい事例ですので紹介いたします。

2006年３～５月の「デジタルビデオカメラ」の売上ランキングで『首位を獲得したのは、ソニーの「HDR-HC3（S）」。高精細なハイビジョン映像を家庭でも簡単に撮影できる点が受けている』

『これまでは放送局用のカメラしかハイビジョン対応していなかったが、映像を処理するICの集約などで小型化を進め、〇五年七月に初の家庭向け機種「HDR-HC1」を発売した。「HC3」はこれをさらに小型化した後継機種だ』。

つまり、ソニーのデジタルビデオカメラは他社に先駆けてハイビジョン映像を実現したわけです。ただ、その「ハイビジョン映像」の良さ・違いがお客様に伝わらなければ意味がありません。ソニーはそこでもぬかりなく手を打ちました。

『その武器が「感動チェンジ台」と呼ぶ専用の販促機器だ。通常の販促機材の十倍以上、一億円以上を投入した。ぬいぐるみなどの被写体をハイビジョンのカメラと従来のカメラの二つで同時に撮影し、片方の映像をディスプレーに映し出す。顧客が販促台のボタンを押すと、ハイビジョンで撮影した映像と従来カメラで撮影した映像がリアルタイムで切り替わる仕組みだ。ハイビジョンの画質の鮮明さが一目で実感できる』(『 』内は2006/06/30 日経MJ P.3) という手を打ちました。

いわば、それまでのビデオカメラとハイビジョンのビデオカメラを「ビフォーアフター」のような感じで簡単に対比できるようにしたわけです。画質の良さが一目でわかるようにしたことで、人気になったのですね。ランキング首位になったのも納得です。

製品（＝売り物）で「強み」を作り、店頭販促（＝売り方）でその「強み」をわかりやすく伝えるという「ヨコの流れ」が効果を発揮した良い事例だと思います。

このような「タテヨコのスムーズな流れ」を全体として作り出し、お客様が「ファンになるように打ち手を設計する」ための「増客設計図」を完成させることが第4章の内容でありマインド

フローの最終目的となります。

●お客様は「気づかない、わからない、忘れる、動かない」という前提で考えよう

「増客設計図」を作ったり打ち手を考えるという際に非常に重要なポイントが、お客様は「気づかない、わからない、忘れる、動かない」方々だ、という前提を置くことです。

お客様は、究極の鈍感、至高の面倒くさがり屋、という前提を置き、とにかく過保護に、過保護に、過保護に、手を打っていくのです。

まず、お客様は鈍感で「気づかない」方だと考えましょう。お客様に気づいていただくためには、お客様の耳元で怒鳴るくらいのインパクトが必要なのです。本書で言えば

・お客様は気づかない　　・お客様は気づかない
・お客様は気づかない　　・お客様は気づかない
・お客様は気づかない　　・お客様は気づかない
・お客様は気づかない　　・お客様は気づかない
・お客様は気づかない　　・お客様は気づかない

これだけ繰り返してやっとお客様に気づいていただけるのです。新聞広告なら、相当インパクトがあるものでないとお客様の「視線」は広告の上を素通りしていきます。新聞広告の目的がお客様に「電話」をしてほしいのであれば、新聞広告の1/10くらいのスペースを使って大きく大きくどかんとでかでかと絶対に気づくように電話番号を載せましょう。「大きめに」ではなく「とにかく大きく、どでかく、どかんと」です。お客様は「宝探し」をしてくれません。見つけられなければ素通りします。

また、お客様は「わからない」方だと考えましょう。専門用語・わかりにくい表現では、お客様には理解していただけません。本書では「競合優位の強化を図るとは、顧客の対競合の選択理由を策定・実行することだ」というような表現は使っていません。そうではなく「強みを作るとは、お客様が競合ではなく自社を選んでいただく理由を作ることだ」という平易な表現にしています。そのほうがお客様のアタマの中に入りやすいからです。
　さらに、お客様は「忘れる」方だと考えましょう。1回説明したくらいで、覚えていただけません。何回も伝える、紙などで残す、など「忘れられない工夫」をしましょう。
　最後に、お客様は「動かない」方だと考えましょう。面倒くさがり屋で無精者ということです。ですから、お客様が動きやすいようになるべく手間を省きましょう。だから百貨店には「エスカレーター」「エレベーター」があるわけです。それが無ければ、お客様が上の階まで階段で上がる確率は劇的に下がるでしょう。アマゾンの段ボールは、ハサミがなくても空けられます。ハサミを取りに行くことも面倒なのです。
　お客様は、「気づかない、わからない、忘れる、動かない」方々です。お客様が「気づきやすく、わかりやすく、忘れにくく、動きやすく」なるようにしましょう。

(2)「タテヨコのスムーズな流れ」で「顧客の物語」を実現して売上5倍!

● 「タテヨコのスムーズな流れ」で太陽光パネルの売上が5倍
　ここで、「タテヨコのスムーズな流れ」を実現して大きな成果

をあげたホームセンターのカインズの事例を紹介します。

『ホームセンター大手のカインズ（埼玉県本庄市）は米アップルのタブレット（多機能携帯端末）「iPad」を通じ、1時間程度で設置費用や節電効果の見積もりを出すサービスを始めた』『アプリを起動させたiPadを屋根に乗せると、屋根の角度や光が当たる方角を自動的に測定する。屋根の形や大きさを入力すれば、おおよその発電量を算出できる。さらに全地球測位システム（GPS）で住所を検索し、自治体から受けられる補助金の額を計算』『スタッフが訪れてから1時間程度で取り付け費用、年間電気料金の節約効果に加え、どれぐらいの期間で費用を回収できるかという大まかな見積もりを作成できる。従来は5日ほどかかっていた』とのこと。

このiPadの施策は「急所」を解消する、「モレ」をふさぐ打ち手です。

太陽光パネルを売る場合、一度お客様のお宅を訪問し、太陽光パネルの電気代節約効果、補助金、費用回収期間などの見積もりを出します。それに今までは5日間かかっていたのですが5日もかかるとその間にお客様の気が変わったり、競合に見積もりを頼んだりしてしまうかもしれません。そこで「顧客の物語」に大きな「切れ目」が発生してしまい、モレが生じます。

iPad導入により、「5日」が「1時間」でできるようになりました。これは非常に大きな差です。1時間でしたら「前につけたお宅では……」というような話をしている間にその見積もりができてしまいます。「物語の切れ目」「モレ」がなくなるわけです。

ここまでが「タテの流れ」の話で、まだ続きがあります。カインズは「ヨコの流れ」も作り出しました。

『2月には全店舗の約4割にあるリフォーム関連売り場に太陽光パネルの販促コーナーを設けた。水洗トイレやキッチンなど住宅関連設備と一緒に展示し、小規模なリフォーム需要を取り込む。売り場には商品の比較がしやすいよう国内外の約10社の製品カタログを置き、専用の相談カウンターを設けた。顧客の目につきやすい店の入り口でも太陽光パネルの展示を始めた。今年に入り、太陽光パネルの取扱額が前年比5倍のペースで伸びているという』(『』内は2012/10/19 日経MJ P.6)

アポをとってお客様宅を訪問すれば、先ほどのiPadが威力を発揮します。しかし、そもそもその「アポ」をどう取るのかという「認知」「興味」関門の問題が残ります。

そこで、

認知・興味：『顧客の目につきやすい店の入り口でも太陽光パネルの展示を始めた』
興味・行動：『リフォーム関連売り場に太陽光パネルの販促コーナーを設けた』『専用の相談カウンターを設けた』

と、お客様が自然に太陽光パネルに「興味」を持って担当者に相談をする、という「流れ」を作り出す打ち手を打ったのです。

リフォーム関連売り場に「相談カウンター」を置くだけでは、リフォーム関連売り場を通らないお客様は「認知」しません。そこで、誰もが通る「店の入口」でパネルの展示を行いました。そこで「興味」をお持ちいただき、リフォーム関連売り場の「相談カウンター」で「アポ」を取るのでしょう。そして、お客様宅を

訪問したら先ほどのiPadが活躍する、ということですね。

「売り場」をまたがった「認知」「興味」の喚起促進策、そして「専用カウンター」でのアポ取り、さらには営業担当者がiPadを使ってすぐに見積もりを出す、という「タテヨコの流れ」ができています。

カインズのこの一連の打ち手を「増客設計図」として表現すると、図4-1のようになるでしょう。

図4-1の一番右の部分が、iPadで「モレ」をふさいだところです。それまでは、「訪問」→「見積もり」の間にある「5日間」

図4-1　増客設計図：カインズの太陽光パネル

	売り方(メッセージ・媒体) 店の入口	売り方(メッセージ・媒体) リフォーム関連売り場	売り場(販路・店・営業) 営業訪問
認知	●太陽光パネルの展示		
興味		●太陽光パネルの販促コーナー	
行動		●相談カウンターでアポイント獲得	●お客様宅を訪問
比較			●iPadですぐに見積もり、受注につなげる
購買			
利用			
愛情			

が「顧客の物語」の流れを寸断していました。

そして点線のハコがヨコの流れを作り出した施策です。「認知」「興味」関門の打ち手が強化され、「営業訪問」へとつながる3つのハコ（＝打ち手）が加わったことで、お客様宅訪問のアポイントが取りやすくなりました。矢印はお客様の「流れ」を意味しています。

店の入口を偶然通りかかって「認知」したお客様でも一定の確率で「興味」を持って「リフォーム関連売り場」に行き、さらにそこで一定の確率で営業訪問のアポイントを承諾する、という「流れ」ができた、ということです。

これらの施策を網羅的に打ったことで「新たな流れ」ができ、お客様が「認知」から「購買」へとムリなく自然に進みやすくなったわけです。

なお、店舗は通常は「売り場」に分類されますが、この場合は営業担当者が最終的な「売り場」（販路）になり、その「売り場」につなげる「売り方」として店舗を活用しているように見えるために店舗を「売り方」に分類しました。そのあたりの分類の「正しさ」はあまり気にされなくて結構です。要は自然な「流れ」が作り出せればそれでよいのです。

お客様の側から見ると、「たまたま立ち寄ったカインズで、入口で太陽光パネルの展示を見かけ、面白そうだと思ってリフォーム関連売り場の展示を見て、そこで詳しく話を聞きたいと思ってアポを取った。営業担当者が来ると、電気代節約効果や費用回収の期間がすぐにわかって、契約を真剣に検討した結果……」という切れ目のないスムーズな「顧客の物語」ができているわけです。

これが「増客設計図」の力です。「店の入口」から始まる「タ

テヨコの流れ」がスムーズに流れているがゆえに、『太陽光パネルの取扱額が前年比５倍』というすさまじい成果をあげられたのでしょう。当時太陽光パネルの市場が伸びていたという事情もあるにせよ、「タテヨコのスムーズな流れ」ができていた、というのも成功の１つの要因でしょう。

(3)「顧客の物語」における自社の登場人物で、増客設計図を共有しよう

ミニケース

都心の大型百貨店の店長さん。あるフロアに行ったお客様は他のフロアに行かずに店を出られてしまうことが多く、フロア間を回遊していただけないことに悩んでいました。今の組織は各フロア別になっており、婦人服フロアは婦人服のことを、食品フロアは食品のことを考えるようになっていますから、各フロア担当は他のフロアの仕事をよく知りません。かと言って、両方のフロアを１人で担当する店員を育てる時間もありません。「どうしたものか……」と店長はお悩みの様子。

あなたなら、この店長さんにどんなアドバイスをしますか？

●「顧客の物語」における自社の登場人物を洗いだそう

　増客設計図の「ヨコ軸」は、自社の打ち手である４P（売り物・売り方・売り場・売り値）です。ヨコの流れにおいては組織内の担当者が変わるためにモレが生じやすいということは先ほど解説いたしました。カインズの太陽光の例でも、店舗と営業担当

者の連携が悪いと店舗で聞いた顧客ニーズが営業担当者に伝わらず、お客様の不信感を招くなどの問題が起きます。ヨコの流れにおける「モレ」が発生してしまうのです。

　そのような問題を防ぐために、「顧客の物語」を社内で共有しましょう。それにより会社全体が「同じ物語」に基づいて動きやすくなります。ヨコ軸の４Ｐの担当者が、「顧客の物語」における自社側の登場人物になります。その「自社側の登場人物」が誰かを把握した上で、増客設計図を共有するのです。それにより「ヨコのモレ」が起きにくくなります。

　例えば、顧客の物語が「お客様がテレビCMを見て……」で始まるのでしたら、そのテレビCMの制作担当者、そしてそのテレビCMを作る広告代理店の営業担当者・制作担当者が「自社側の登場人物」になります。物語が「CMを見て、お店に行って……」と続くと、「店の担当者」がまた自社側の登場人物になりますね。「お店で製品サンプルを手にとって……」とさらに続くと、「製品の開発担当者」「製品サンプルを作った販促担当者」がまた登場人物になります。「顧客の物語」には多くの「自社の登場人物」が存在します。

　この全ての「自社の登場人物」が同じ「顧客の物語」を共有し、その物語をスムーズに進める打ち手をモレなく打てば、お客様は「認知」→「愛情」へとよりスムーズに流れやすくなります。上の例で言えば、テレビCMの制作担当者は「どうすればお客様がCMを見てお店に行くか」と考え、そのメッセージをCMで強化するでしょう。「店の担当者」は、「製品サンプル」を切らさないように準備するでしょうし、「製品サンプルを作った販促担当者」は、どうすればサンプルが店で見やすく、手に取りやす

図4-2 「自社の登場人物」の役割の明確化

	広告担当者	店舗担当者	商品開発者	サポート担当者
認知	◎			
興味	◎	○		
行動	○	◎		
比較		○	◎	
購買		◎	○	
利用		○	○	◎
愛情		◎	○	○

くなるかを考えるでしょう。

逆にそれぞれが「違う物語」に基づいて動くと、例えばテレビCM担当者が「テレビCMを見てHPに行く」という「顧客の物語」を想定していると、「お店に行こう」というメッセージはCMで訴求しません。するとテレビCM、お店、製品、製品サンプルなどの「流れ」が寸断し、「モレ」が発生するのです。

タテ軸にマインドフローを、ヨコ軸に「4P」の打ち手を担当する社内の担当者（＝自社側の登場人物）を取って、それぞれの役割を明確にすると「モレ」が減らせます。

例えば、図4-2のような役割分担になったとします。「知って、買って、使って、ファンになる」という「顧客の物語」における担当部分が◎（最重要担当者）、○（重要担当者）ということです。◎、○にはそれぞれ社内の担当者名を入れましょう。

「顧客の物語」をこの表の「登場人物」（さらにその上司も含め）全員で共有した上で、それぞれにお客様に対してどのような役割を負い、他部門はそれをどうサポートするか、という役割分

担を明確化しておくと、お客様が自然とファンになっていく「流れ」を作るためのモレない打ち手が打ちやすくなるでしょう。

「ヨコの流れ」は「社内」の話ですから、自分たちの努力で「起こす」ことができます。**ヨコで「モレ」が生じるのは、自らの努力不足・工夫不足**なのです。

● 「共有の仕組み」としての増客設計図

増客設計図の役割の1つは、このような「自社側の登場人物」間での意思疎通・目的の共有をしやすくすることです。お客様にどう動いていただきたいのか（＝顧客の物語）、そしてその顧客の物語の「自社側の登場人物」として、他部門に対して誰がどのような役割を負うのかが明確になる、ということです。

銀座の百貨店、松屋の成功例を紹介します。

『8月上旬。銀座本店3階の婦人服売り場にアニメ「エヴァンゲリオン」の登場人物の等身大フィギュア（人形）が突然姿を現した。横には鮮やかな赤色のシャツを着せたマネキンを並べ、このキャラクターをイメージした着こなしを提案した。8階催事場で同7日から26日まで開いた「エヴァンゲリオン展」に連動した販売企画だ。5階の紳士服売り場でも人気ブランドの販売員が考えたコーディネートを、アニメキャラのフィギュアと併せてフロア中央で見せた。食品フロアでは洋菓子店などがエヴァンゲリオンの文字を印刷したクッキーを販売。催事のために8階に来店した顧客に地下まで降りてきてもらえるよう工夫した。様々な仕掛けが奏功し期間中の入店客数は前年同期比12％増。販売は食品フロアで3％増、店全体では9％増と大きく伸びた。催事目的で店に来た顧客が他の階でも買い物をしたためだ』。非常に面白い企

画ですね。私もエヴァンゲリオンの映画は並んで観たクチですから、この企画を知っていたら行きたかったところです。

この場合の「ヨコの流れ」はフロア間の連携、となります。フロア間の連携というと当たり前のようですが、百貨店では婦人服フロア、紳士服フロア、食品フロアはそれぞれ違う組織や担当者が担当しているために連携が難しいものです。

松屋の場合は、このような催事については『従来は文化催事課の社員だけで企画・運営し、各売り場との連携はクリスマスの時期などに限定されていた。エヴァンゲリオン展は組織変更後初の大型企画。銀座本店の売り場で働く全従業員に呼びかけ、催事に関わるメンバーを募った。催事担当の部署以外から人員を集める取り組みは大手百貨店でも珍しい』(『 』内は2013/09/25 日経MJ P.5)とのこと。

エヴァンゲリオンを中核にした組織横断的なプロジェクトチームを作り、組織を越えた連携をとって目的意識を明確にし、『各売り場と連動した企画を詰めた』からこそ売上が『店全体では９％増』という成果をあげられたのでしょう。

お客様から見ると、鮮やかな赤色のシャツを着せたマネキン（恐らくは「アスカ」というキャラクターでしょう）を見て、そこで食品フロアにもエヴァンゲリオン商品があることを知り、食品フロアに下りていってそこでクッキーを……という「物語」がごく自然に流れたのでしょう。

社内の「登場人物」間の「ヨコの連携」がいかに重要か、ということを示す好事例かと思います。

2 | マインドフローのマインドフロー

●マインドフローのマインドフロー：打ち手の連鎖

　タテヨコの「モレのない打ち手」を考える際に役立つのが「マインドフローのマインドフロー」という考え方です。

　例えば自社の製品を主として「店舗」で売っているとします。「店舗」は大きく見れば、「行動」「比較」「購買」関門を担当する打ち手かもしれません。

　しかし、その「店舗」自体のマインドフローも存在します。どうやってその店舗を「認知」して「興味」を持っていただき……ご来店いただくか、ということを考える必要もあります。来店していただかなければ、店舗があっても意味がないからです。

　では、その「店舗」の「認知」を高めるためにポスティング（郵便ポストにチラシを投げ込む）をするとしましょう。例えば店から半径1kmのご家庭のポストに「チラシ」を投函するとします。「チラシ」は、大きく見れば「店舗」の「認知」を高めるための打ち手です。その「チラシ」にも、そのチラシを「認知」させ「興味」を持っていただき、すぐに捨てられないようにするためにはどうすればよいか、そして店に行こうとお客様に思っていただくためにはどうすればよいか、というチラシのマインドフローも存在します。

　このように、**ある打ち手はマインドフローの一部ですが、そのマインドフローの一部である「ある打ち手」のマインドフローもまた存在する**わけです。

第4章　完成の章

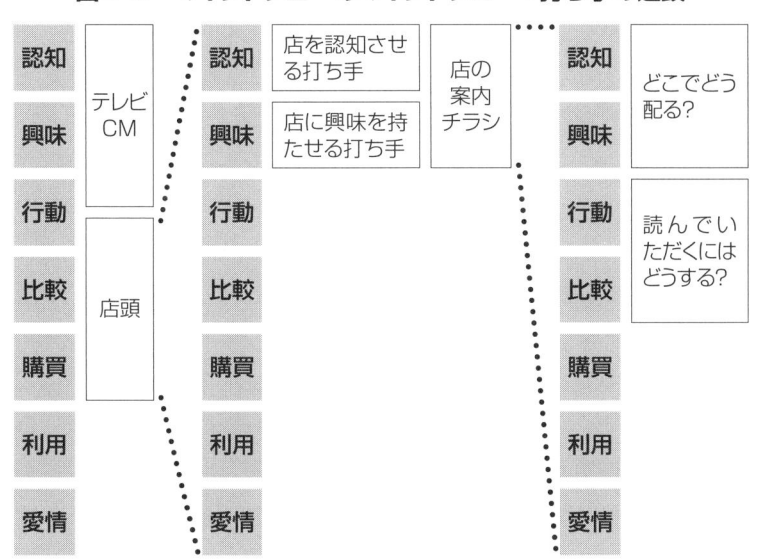

図4-3　マインドフローのマインドフロー：打ち手の連鎖

認知	テレビCM	┊	認知	店を認知させる打ち手	店の案内チラシ	┊	認知	どこでどう配る？
興味		┊	興味	店に興味を持たせる打ち手		┊	興味	
行動		┊	行動			┊	行動	読んでいただくにはどうする？
比較	店頭	┊	比較			┊	比較	
購買		┊	購買			┊	購買	
利用		┊	利用			┊	利用	
愛情		┊	愛情			┊	愛情	

　このように考えていくと、打ち手が無限に連鎖していきます。その連鎖を突き詰めて教えて行くことで、打ち手が精緻になり「モレ」がどんどん減っていく、というわけです。

　BtoB（法人顧客対象のビジネス）の場合、新規顧客向けに自社商品・サービスを紹介する「無料セミナー」を行う、ということはよくあると思います。

　「無料セミナー」自体は、自社商品・サービスの「認知」「興味」関門の打ち手だとします。その「無料セミナー」自体のマインドフローもまた存在します。まずその無料セミナーの「認知」「興味」をどうするのか、という課題があります。何もしなければセミナーを「認知」していただけません。では、その「無料セ

ミナー」の「案内DM」を送るとしましょう。すると、その「案内DM」自体のマインドフローもまた存在します。DMのマインドフローは、開封してもらって、中身をお読みいただき、セミナーについて理解いただく、お申し込みいただく、ということになります。ではその「開封」していただくためには、どうすればいいのか……とまた考えます。例えば封筒の外側に「○○業界のまだ誰も知らない成功事例を知りたいと思われませんか？」のようなコピーで開封を促進し……と、どんどん打ち手が連鎖していくわけです。

　一事が万事で、全ての打ち手をこのように「連鎖」させることで打ち手のモレが減っていき、精緻な増客設計図が完成していきます。お客様から見ると「切れ目のない物語」ができている、ということになります。

●マッサージチェアの無料貸し出しサービス
　この「マインドフローのマインドフロー」について理解を深めていただくために、事例を１つ紹介します。
　パナソニックがマッサージチェアの無料貸し出しサービスを始めました。『パナソニックは主力マッサージチェアの最上位機種をシニア客らに一定期間貸し出す無料サービスを７月に始めた。顧客層が重なる系列家電店を通じて使用感を詳しく確かめてもらい、購入を促す。』『今回の取り組みでは、お尻をマッサージする機能を追加し、もみ方などの組み合わせが計156種類と従来機より約４割多い「リアルプロ EP-MA85M」（８月１日発売、店頭想定は税込み50万円前後）を５日間貸し出す』とのことです。
　50万円の高級機種を無料で貸し出すというのは太っ腹な企画で

すが、このような打ち手を打ったのはなぜでしょうか？

まず、「試用」というのは、マッサージチェア「全体」で見れば「行動」「比較」関門の打ち手になります。「試せばわかる」のであれば家電量販店などの売り場で「試していただこう」というのは論理的にも自然な打ち手です。

しかし、意外なことがわかりました。『訪問調査では店で製品を試してもらえるケースが同社の想定より少なく、シニア女性には他人の目がある家電量販店のコーナーなどで試している姿を見られたくないという意見が多いことがわかった』というのです。

「行動」「比較」関門の打ち手としての「試用」が『想定より少なく』、その理由は『家電量販店のコーナーなどで試している姿を見られたくない』というものだったのです。

「試せばわかる」のであれば「試していただこう」と考えたのですが、実際には「試していただけなかった」のです。

そこで、「ならば試しやすくすればよい」と考え、「なぜ試していただけないのか」と調べたのがパナソニックの素晴らしいところです。家電量販店などでは「他人の目」があるから試していただけない、ならば「他人の目」がない「自宅」で試していただこう、と打ち手を精緻化していったわけです。

「試用」は大きくみれば「行動」「比較」関門の打ち手です。その「行動」「比較」関門の打ち手であるところの「試用」の、そのまたマインドフローがあります。

「試用」という個別の施策についても、それをどう「認知」して「興味」を持っていただき、「試用」につなげるか、というマインドフローがあるのです。これが「マインドフローのマインドフロー」です。

**図4-4 マインドフローのマインドフロー：
パナソニックのマッサージチェア**

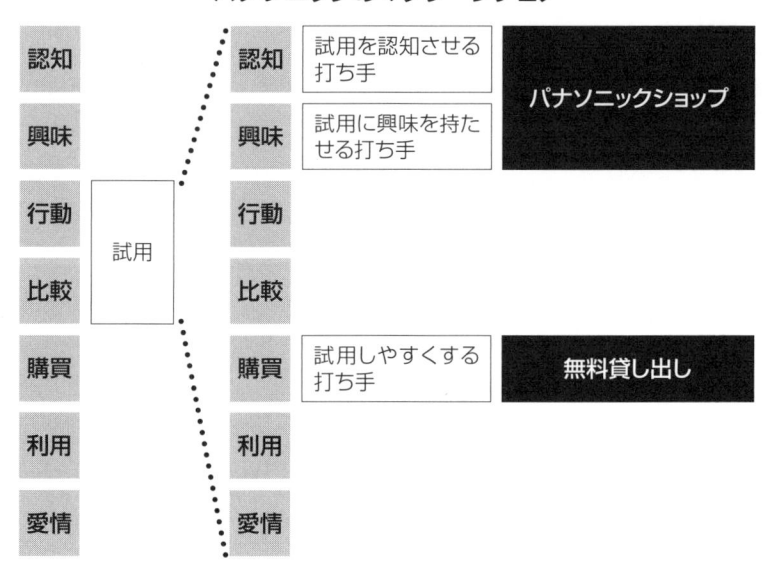

認知		認知	試用を認知させる打ち手	パナソニックショップ
興味		興味	試用に興味を持たせる打ち手	
行動	試用	行動		
比較		比較		
購買		購買	試用しやすくする打ち手	無料貸し出し
利用		利用		
愛情		愛情		

　ですからこの施策は『顧客層が重なる系列家電店』つまりパナソニックストアで行うことにしました。というのも『パナソニックショップは地域密着型で、普段からシニア宅を商品の配送などで訪問する機会が多い』(『』内は2014/07/04 日経MJ P.9) からです。

　パナソニックは恐らく、顧客ターゲットであるシニアの方にこの「試用」について「認知」していただく場所としても「家電量販店」よりは「パナソニックショップ」のほうがいい、と考えたのでしょう。

　このように「試用」という施策についてのマインドフローを考えた結果、このような打ち手を取ったのだと考えられるのです。

まだマインドフローの連鎖は続きます。このままではパナソニックショップに来店しない方には、この施策の存在が「認知」されません。となると、「電機店でマッサージチェアを無料で貸し出している」ということを「認知」していただく打ち手が必要です。例えばドラッグストアで「この電機店でマッサージチェアを無料で貸し出している」という「マッサージチェア無料貸し出しの告知チラシ」を配ってもらう、などの案が浮かびます。電機店よりはドラッグストアのほうがシニアの方の訪問頻度が高いと思われるからです。

　さらにその「マッサージチェア無料貸し出しの告知チラシ」で、「電機店に行く」という「行動」につなげるために必要な情報は何か、「電機店の地図・営業時間・電話番号」が必要だ、とさらに精緻に考えていくわけです。地図がなければ電機店に行くという「行動」をしなくなりますし、土日に行こうと思った場合に「土日にやっているのか？」と疑問に思ってその答えがなければ、「やっていなかったら行くだけ損だから行くのをやめよう」と思われてしまうからです。

　こう考えてまいりますと、そもそも電機店に「行く」のではなく無料貸し出しを「電話で」申し込めればいいのではないかという案が浮かびます。するとドラッグストアで配る「マッサージチェア無料貸し出しの告知チラシ」に「地図」は不要で、電機店の電話番号と営業時間が大きく読みやすくどかんと（ターゲットは年配者です）書いてあればよい、ということになります。だったらそもそもこのチラシをドラッグストアでなくとも新聞折り込みで配ればいいのでは……となると、配布エリアは……とどんどん行動が精緻に精緻に、深く深く、そしてモレが減っていきます。

このように、マインドフローは無限に連鎖していきます。モレなく、モレなく、モレなく手を打っていくことで、「全体としてモレのない増客設計図」が完成していくのです。

> **コラム**
>
> ## お客様がファンになる「流れ」を作ろう
>
> 　首都圏の水源、利根川。長さは日本2位、流域面積は日本一。その源流は群馬県最北端あたりだそうですが、その上流はそれほど大きな川ではありません。それが、途中で色々な川と合流し、1km近い川幅となっていきます。
> 　お客様にファンになっていただくのも、同じイメージです。お客様がファンになる「流れ」（支流）を何本も用意し、最終的には広い川幅にしていくのです。

3 増客設計図の描き方

(1) 増客設計図の描き方

●タテヨコの縦横無尽な「流れ」のある増客設計図を作ろう

　ここまでの説明で、本書の最終ゴールである「増客設計図」すなわち「自然に売れる仕組み」を完成させるための準備ができました！

　「増客設計図」を完成させるにあたって、ここまでの第1章、

第2章、第3章、全ての情報を総動員していきましょう。

まず、第1章の「顧客の物語」を作ります。第1章3（1）で、「顧客の物語」をお客様にヒアリングしよう、ということを申し上げました。そのための方法論も若干ではありますが解説いたしました。このヒアリングは非常に有益なことですので、増客設計図を描く際にはぜひ行ってみてください。

「顧客の物語」は一通りとは限りません。何通りもの「顧客の物語」が起きるように打ち手を設計できれば、蜘蛛の巣のように打ち手が張り巡らされた増客設計図ができることでしょう。

第2章の「数値化」は、増客設計図の「完成度」を計測するのに役立ちます。数値化して「課題関門」を定義しましょう。それが増客設計図の「弱点」です。そこを重点的に考え、手を打ちながら、増客設計図を精緻化していくのです。

第3章の「モレ」を個別にふさいでいく考え方及び各事例は、増客設計図を埋めていく「アイディア」として役に立つでしょう。第3章は、「売り物」「売り方」「売り場」「売り値」別に、タテのマインドフローを考えるという「個別論」ではありますが、「全体論」である「増客設計図」は同時に「個別論の集積」です。各関門の打ち手を考えるときに参考になると思います。

そして第4章の「マインドフローのマインドフロー」の考え方で「打ち手の連鎖」を無限に繰り返し、モレのない精緻な流れを作っていくことで「増客設計図」が完成します。組織と組織の間のヨコの流れは特に「モレ」が発生しやすくなりますので、その対策を考える必要もあります。

お客様がいつの間にか自然と自社商品・サービスのファンになるような「増客設計図」を完成させていきましょう！

●A3の紙に具体的に描いていく

では、実際に増客設計図を描いていくことにいたしましょう。

まずは物理的な「描き方」ですが、私はA3の紙をヨコ書きで使うことにしています。A4の紙だと小さすぎて入らないからです。A2（A3の倍）の紙があればよいのですが、一般に流通していないということもあり、手に入りやすいA3を使っています。

A3の紙の左側にタテにマインドフローをとり、ヨコに打ち手をとって書き込んでいくのがお勧めです。A3ですとかなりの情報量が入りますし、1枚に全てを記入すれば一覧性も高く、コピーもしやすいので使いやすいです。

もちろん、パソコンやタブレットなどでお作りいただいても構いません。私はA3の紙を使いますが、ご自身のやりやすい方法でぜひどうぞ。

図4-5　増客設計図：A3の紙で!

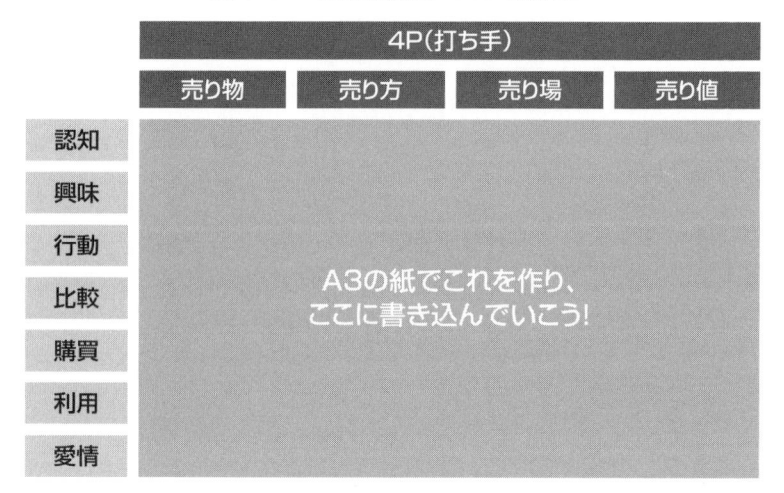

	4P(打ち手)			
	売り物	売り方	売り場	売り値
認知				
興味				
行動				
比較	A3の紙でこれを作り、ここに書き込んでいこう!			
購買				
利用				
愛情				

●まずは「顧客像の具体化」：顧客によって流れが変わる

マインドフローを考える際に最初にすべきことは、マインドフローを考えることではなく「**顧客像の具体化**」だ、ということは第2章3（1）で解説いたしました。

というのも、顧客によってマインドフローの流れすなわち「顧客の物語」が全く変わってくるからです。例えば、接触媒体が違えば「打ち手」も変わります。若者はスマホが主な接触媒体で、年配者は雑誌を好むかもしれません。また、連絡手段も若者はメールやLINEで、年配者は電話で、となるかもしれません。

このような「流れ」が多岐にわたると混乱を招くので、あまりに違う顧客を一緒くたにして同じ紙に描いていくのはあまりお勧めしません。

どうしても同じ1枚の紙の上に違う顧客のマインドフローを描きたい場合は、お客様ごとに色分けして打ち手を描いていくなどの工夫をされるとよいですね。

例えば、

・年配者向けの打ち手は「青色」で
・若い女性向けの打ち手は「赤色」で

のように描き分けると、視覚的にわかりやすいかと思います。

●BtoBtoCの場合は、「中間のB」と「最後のC」を分けて考える

自社の本当のお客様が誰か、という問題もあります。
第1章1（2）で説明した通り、多くのビジネスは
「**BtoBtoC**」または「**BtoBtoB**」
という流れになっているからです。
自社の「直接の顧客」のマインドフローと、「その先の顧客」

のマインドフローは、分けて考えましょう。第1章1（2）の図1-4「BtoBtoC＋マインドフロー」を再度ご覧になられると、考えやすくなると思います。

「BtoBtoC」あるいは「BtoBtoB」という流れにおいては、少々面倒でも「中間のB」「最後のC（またはB）」のマインドフローを全て洗い出したうえで、どこで大きな「モレ」が生じているか、を緻密に考えましょう。

● **タテ軸にマインドフロー、ヨコ軸に自社の打ち手：まずは打ち手を洗いだそう**

ではいよいよ増客設計図を描いていきましょう。

タテ軸はマインドフローの7つの関門になります。ご自身の商品・サービスに合わせて関門は調整いただいて構いませんが、最初は本書の7つの関門で始めるのがまずはよいかと思います。

ヨコ軸は自社の「打ち手」である4Pを取ります。「打ち手」は、会社によって、そして商品・サービスによって変わりますので、ぜひご自身の状況に合わせてお考えください。

まずは、ヨコ軸に自社が取り得る打ち手を洗い出しましょう。ヨコ軸に自社の主要な打ち手を3～5くらい並べるとよいでしょう。自社が取れない打ち手を描いても意味がありません。例えば私の場合は「テレビCM」「新聞広告」などの打ち手は投資金額的にまずあり得ませんので、そのような打ち手は描きません。その代わりに「本」は書けますから、それが「打ち手」になったりします。

HPが主要な広告媒体であったり、展示会が顧客獲得のメインの打ち手である、というような場合は、両方とも「売り方」の一

部の打ち手ではありますが、それをヨコ軸の打ち手の独立した項目としてもよいでしょう。

　一般的な打ち手としては、例えば次のようなものがあります。これはあくまでも目安ですので自社に合わせてお考えになられてみてください。

○BtoC（メーカー）の場合
- 売り物：商品そのもの、パッケージ、トリセツなど
- 売り方：パンフ・カタログ、テレビCM、店頭販促ツール、HPなど
- 売り場：小売店の店頭、自社から店に派遣するスタッフ、お届け方法など
- 売り値：価格・値引率など

○BtoC（店舗）の場合
- 売り物：店舗の立地・来店しやすさ、取り扱っている商品・サービスなど
- 売り方：チラシ、催事・イベント、店員の魅力・接客、HPなど
- 売り場：商品の見やすさ・比較しやすさ、回遊しやすさなど
- 売り値：値引率・特売の頻度、クレジットカードが使えるか、など

○BtoBの場合
- 売り物：商品そのもの、特注への対応、使い方指導・アフターサービスなど

- 売り方：展示会・イベント、DM、HPなど
- 売り場：営業訪問、発注方法、など
- 売り値：価格・値引率、支払い方法、支払いサイト、与信管理、など

4 完成！ 増客設計図

（1）お客様を自然と導く接客術：クチコが自然に売れる方法

● 「全ての道は朝市へ通ず」：いつの間にか「クチコ」を買っていた！

　これで増客設計図を作るために必要な情報は全て揃いました！
　ここからは、増客設計図が描きやすくなるように事例を紹介してまいります。まずは、私自身が「顧客の物語」を体感した事例を紹介します。
　北陸のある旅館に泊まったときのこと。その旅館で、いつの間にかおみやげに「クチコ」を買っていたのです。「クチコ」は石川県能登半島の名物で、ナマコの卵巣を干したものです（生のものも売られているようですが、私が買ったのは干したものでした）。数十グラム程度のものが何千円もする高級珍味です。記憶に頼っている部分もありますので正確さを欠いているかもしれませんが、おおよそこのようなことが起きた、というご理解をいただければと思います。

まずは「顧客の物語」を紹介します。物語は旅館に着いたところから始まります。その日は嵐で電車が止まったため、宿に電話すると車を手配してくれ、その車で到着しました。着くとすぐに着物姿の客室係の女性が出迎えてくれます。荷物を持ってもらって私たちが泊まる部屋へとご案内いただくのですが、その途中で客室係さんがさりげなく「お客さん、明日の朝ここで『朝市』があるので、来るといいですよ。色々珍しいものも売ってるし。○○時までですから」とおっしゃいます。そのときは「ふーん、そうなんだ」と聞き流します。

　そして夕食の時間。食事中に客室係さんが小さな包み紙を出し、「お客さん、クチコってご存じですか？」と私たちに尋ねます。知りませんと答えると、「クチコは能登半島の名物で、ナマコの卵巣を干して……」という説明をした後、「お酒のつまみにいいので、よろしかったらどうぞ〜」とおっしゃりながら5mm四方くらいの小さな茶色の薄い物体を私たちに差し出します。それが「クチコ」だというのです。「高価なものなので、ちっちゃくてごめんなさいねー」と加えながら。いただいてみると、確かに面白い味がします。クチコのウンチクについて楽しく会話した後、客室係さんが去られて、その小さなクチコの包み紙をふと見てみると、今の客室係さんがされた説明と同じような「ナマコの卵巣を干して……」という説明書きがしてありました。

　お客様は「気づかない、わからない、忘れる、動かない」前提での仕組みです。クチコの包み紙だけだと、お客様が「気づかない」可能性があります。客室係が説明して「気づくようにしている」わけです。逆に、客室係の説明だけだとお客様が「忘れる」可能性があります（客室係さんが説明を忘れることもあり得ます）

ので、包み紙としてお客様の手元に残るようにしているわけです。

そして翌朝、朝食をいただきます。そのときにも客室係さんが「朝市ありますよ」と再度促します。私たちはすっかり忘れていたので、慌てて朝市に出かけます。

朝市に行ってみると、地元の海産物などが色々と置いてあります。色々と見回ると、「クチコ」が置いてあります。結構なお値段です（それほど大きくないのに数千円！）。「ナマコの卵巣を干して作った、能登半島名産の珍味」という、昨日何回も見聞きした言葉がPOPについています。「これ、昨日食べたヤツだ！」と手にとってみると、店員さんが「あ、それ能登半島の珍味。おいしーよ。お酒に合うからね」とすかさず説明してくれます。そういえばそんなこと言ってたな……結構おいしかったし、まあ記念にもなるし、買うか……といつの間にか買っていました。

ふと部屋に戻ってみると、昨日の小さいクチコの包み紙がまだ机の上においてありました。それを見て……「うっわ、そういうことか」と合点がいきました。

自分としては「いつの間にか」買っていたのですが、それは旅館の「増客設計図」通りに動いていただけの話だったのです。

まず、夕食の「小さなクチコ」はプロダクトフローでいう「あげる商品」です。味もわからないのに数千円のおみやげを買うのは勇気がいります。「能登半島の珍味を味わう」という体験を楽しんでいましたが、それは「商品のサンプリング」でもあったわけです。

客室係さんの説明にも、その「小さなクチコ」の説明書きにも、同じような説明があったため、商品についての知識も十分に得ています。

加えて「酒のつまみにいいよ」という「使い方提案」（＝「利用」関門の打ち手）もありました。お酒を飲まない人でも、お酒を飲む人のための「おみやげ」にならいい、と思いますよね。

　さらに、「マインドフローのマインドフロー」まで考えられています。「売り場」である「朝市」は、クチコのマインドフローで言えば「購買」関門の打ち手です。しかしその「朝市」の存在を「認知」していなければ、クチコを買おうと思っても買う場所がわからないわけです。そこで、旅館に着いてすぐに「明日ここで朝市が……」という説明をさりげなく客室係さんがされているわけです。そして忘れないように、翌朝もう一度朝市のことを念押ししています。

　全ての行動が自然に行われながらも、見事にうまく連鎖しているのです！いつの間にか手に持っていたクチコのおみやげを見ながら、「お見事！」と唸らざるを得ませんでした。

　そして、「顧客の物語」に登場する以下の「登場人物」が、全て同じ方向へとお客様の手を引くように誘導しています。

・夕食で小さなクチコを出そうと考えた人
・小さなクチコの説明書きを書いた人
・クチコの説明をする客室係
・朝市のクチコのPOPを書いた人
・朝市でクチコの説明をする店員

お客様が何かを買う、という場合は必ずこのような「顧客の物語」があり、それを実現させた「増客設計図」が（無意識のうちにかもしれませんが）できているのです。

なお、次ページの図4-6はこの増客設計図を経過時間で表したものです。左→右へと時間が流れて「顧客の物語」が進行していきます。お客様から見ても流れが自然であることがわかります。
　ここでご注意いただきたいのは、「思い出す仕掛け」が随所にあることです。朝市を思い出す仕掛け、クチコを思い出す仕掛けが夕食時、朝市で、と何回も出てきてお客様は「あ、アレか」と思い出すようになっているのです。
　お客様は、「気づかない、わからない、忘れる、動かない」方々です。この旅館はお客様が「気づきやすく、わかりやすく、忘れにくく、動きやすく」なるような工夫を随所に盛り込み、「過保護に」導いているのがわかります。
　このような増客設計図を作るのは簡単ではありませんが、ご自身が買われた商品・サービスの「顧客の物語」と、それに登場する「売り手の登場人物の動き」を分析してみるのは、自社の増客設計図を考える上で素晴らしい「学習」になると思います。

(2) コストを抑えながら新たな「流れ」を作った服飾店

　増客設計図の上で打ち手を色々と「組み合わせる」ことで、新たな「顧客の物語」を作り出すこともできます。
　例えば「店舗」は「売り場」として、「行動」「比較」「購買」関門を同時に担当することが多いでしょう。しかし、この「行動」「比較」「購買」関門をそれぞれ切り離して考えることで新たなアイディアが産まれるかもしれません。
　仮に店舗が「購買」関門を担当しない、としたらどうなるでしょうか？　「買わない店」を作る、ということです。すると店

第4章　完成の章

図4-6　時間軸で見た増客設計図：旅館のクチコ

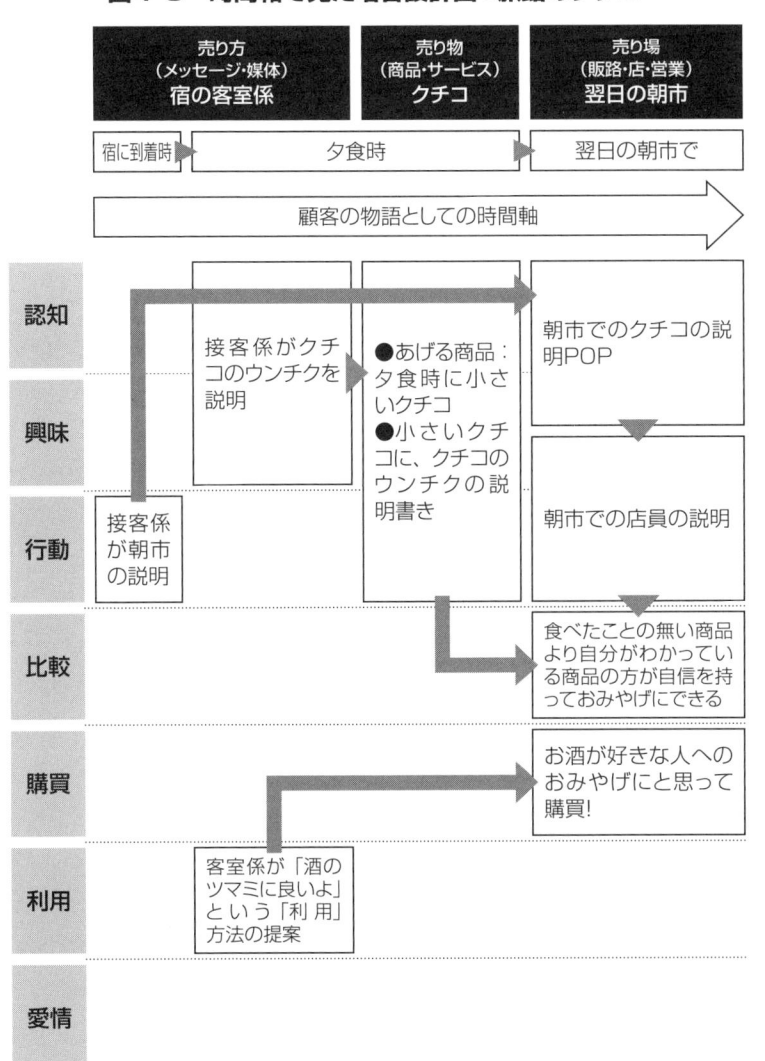

売り方 （メッセージ・媒体） **宿の客室係**	売り物 （商品・サービス） **クチコ**	売り場 （販路・店・営業） **翌日の朝市**
宿に到着時	夕食時	翌日の朝市で

顧客の物語としての時間軸 →

	宿の客室係	クチコ	翌日の朝市
認知		接客係がクチコのウンチクを説明	朝市でのクチコの説明POP
興味		●あげる商品：夕食時に小さいクチコ ●小さいクチコに、クチコのウンチクの説明書き	朝市での店員の説明
行動	接客係が朝市の説明		
比較			食べたことの無い商品より自分がわかっている商品の方が自信を持っておみやげにできる
購買			お酒が好きな人へのおみやげにと思って購買！
利用		客室係が「酒のツマミに良いよ」という「利用」方法の提案	
愛情			

舗は「行動」「比較」関門を担当する、ということになりますね。いわゆる「ショールーム」はそのような役割を負っています。ショールームは「購買」ではなく「行動」「比較」のための打ち手です。

　実際そのような服飾店の事例もあります。『店舗に商品は陳列するが、あえてそこでは売らない。こんな方針を採るのが、衣料品のネット販売を手がけるライフスタイルアクセント（熊本市）だ。同社は「Factelier（ファクトリエ）」の名称で、12年10月にサイトを開設。全国の縫製工場から衣料品を仕入れて販売している。同社は昨年12月、東京・銀座に実店舗を開いた。名前は「銀座フィッティングスペース」』『一見すると通常の衣料品店と変わりないが、ここはフィッティング（試着）専用の店舗だ。展示品は原則、販売しない。その場で購入する場合は店内のiPad（アイパッド）から注文する。ネットを使った販売サイトとショールームに特化した店舗。両者の組み合わせで山田社長が目指すのはコストを最小限に抑えつつ顧客満足度を高めるという一挙両得だ』

　図4-7の点線のハコが、「銀座フィッティングスペース」が作り出した「新たな流れ」です。それまではネットだけで完結していたのですが、顧客に「試す場」を提供することで新たな「顧客の物語」が産まれたわけですね。

　この店で「売らない」理由は、「在庫を持ちたくない」からでしょう。販売店として全てのデザイン・色・サイズを持つと、新たな在庫を抱えないといけませんし、そのスペースも必要です（銀座の高賃料の場所に倉庫を持ちたくないでしょう）。在庫を持たないことでコストを抑えながら、「新たな流れ」を作ったわけです。

その成果ですが、『ファクトリエの銀座フィッティングスペースは開設から１カ月あまりの来店客は340人超。約半数の客が商品を購入し、客単価は約２万円という。「銀座という好立地だが、家賃はあっさりペイできている」（山田社長）』（『 』内は2015/01/19日経MJ P.1）とのこと。340人が来店して半数が購入し、その客単価が約２万円ですから、１ヶ月で680万円の売上になります（！）。

「銀座フィッティングスペース」にいらしたこの方々はわざわざ試着にいらっしゃるわけですから、ネットだけで購入することに不安をお持ちだった方々です。その意味で、この「新たな流れ」が創出した売上と言えそうです。

図4-7　増客設計図：ファクトリエの「試着型店舗」

	売り場（販路） ネットショップ	売り方（メッセージ・媒体） 銀座の試着室
認知		
興味		
行動	ネットショップとして、全ての役割を基本的にはネット（HP）が担当していた	●銀座に試着型店舗を開設。「試す場」としての役割に特化
比較		
購買	●店舗でiPadで注文。購買はネットショップで	
利用		
愛情		

増客設計図の上でマインドフローの関門と打ち手（４Ｐ）を色々とシミュレーションしてみることで、このような意外な「新しい流れ」を考えやすくなります。

　ぜひあなたも増客設計図を使って、縦横無尽の「流れ」を作り出されてください！

(3) 増客設計図の上でモレを減らそう

●「顧客の物語」を「増客設計図」の上でシミュレーションしよう

　「増客設計図」を描きながら、あるいは描き終えたと思われたら、増客設計図の上で「顧客の物語」をシミュレーションしてみましょう。

　具体的な顧客像を想定し、増客設計図の「上」（「認知」関門）から「下」（「愛情」関門）へと、「顧客の物語」が切れ目なくムリなく流れていくか、をチェックするのです。

　Ａ３の紙に増客設計図を描き、お客様に見立てた「コマ」（ペットボトルのキャップや10円玉など）を「上」（「認知」関門）から「下」（「認知」関門）へと増客設計図の上を物理的に動かしていくと、よりイメージしやすいですね。「コマには具体的な顧客像（例えば「35才共働き女性」など）を小さく書いておくとよりイメージしやすいでしょう。

　「すごろく」のイメージでやってみましょう。「ふりだし」は、お客様が一番最初に自社商品・サービスを「認知」する瞬間です。まずは「コマ」を一番最初の「マス」に置くのですが、お客様はどうやって自社商品・サービスを「認知」するのでしょうか？

　次は「興味」です。お客様はどんなメッセージにひかれて興味

を持つのでしょうか？

　これを、認知→愛情へと、顧客の視線の動き、カラダの動き、ココロの動き、を具体的にイメージしながら、モレがないかを検証していくのです。

●矢印を引こう！　矢印は「モレ」が起きるサイン

　図4-6（245ページ）のクチコの増客設計図に、「矢印」が引いてあるのがおわかりいただけるかと思います。例えば、「売り物」の「行動」関門から「売り場」の「比較」関門へと矢印が引かれています。

　この「矢印」は、マインドフローのタテの流れあるいはヨコの流れで「飛び」が発生している部分です。

　「クチコの試食」という「売り物」と、「クチコを買いに行く」という「売り場」には、売り手の登場人物や打ち手という意味でも、顧客の動きという意味でも、「時間的・空間的な乖離」があります。この「時間的・空間的な乖離」のことを「飛び」と私は呼んでいます。増客設計図では「打ち手」のハコとハコの間が「飛び」となります。この「飛び」を表す「矢印」のところが、モレが発生しやすい要注意ポイントなのです。

　例えばみやげ物店で買い物をしているとき、「パッケージを見る」という視線の動き（＝「興味」関門）と、「パッケージを手に取る」という手の動き（＝「行動」関門）は、飛びが発生しやすい部分です。チラッと見ただけで手に取らないみやげもの（＝「行動」関門を越えられなかった商品）は、いくらでもありますよね。この「矢印」の部分で「モレ」が発生している、ということです。

その「モレ」が発生する大きな原因が、お客様が「気づかない、わからない、忘れる、動かない」ことなのです。お客様は「気づかない、わからない、忘れる、動かない」前提で打ち手を考え、「マインドフローのマインドフロー」の考え方などを使いながら、モレをふさぐ手を緻密に打っていきます。

　お客様が「気づく、わかる、忘れない、動く」ようになるにはどうすればよいか、どうすればお客様のハードルを下げることができるか、と考えていくのです。

　先ほどのクチコの例で言えば、お客様が試食用クチコの包み紙に書かれた説明に「気づかない」可能性があります。ですから客室係さんが一言添えているわけです。また、「酒のつまみによい」ということを「忘れる」可能性があります。ですから朝市で店員さんが再度説明しているのでしょう。「モレ」をふさぐ打ち手が随所にあることがわかります。

　店舗ビジネスで、新聞折り込みチラシを入れて来店していただこうというような場合でも、「チラシを読む」と「店に来る」にはやはり大きな大きな「飛び」がありますよね。

　その「飛び」による「モレ」を減らす打ち手を考えるわけです。例えば、チラシに「ご来場者には〇〇プレゼント」というような仕掛けがあれば、より「行動」しやすくなるかもしれません。それが第3章4（4）のパルコの打ち手（来店するだけでポイントをプレゼント）ですね。

　お客様は「気づかない、わからない、忘れる、動かない」前提に立ち、過保護に、過保護に、過保護に打ち手を考えていきましょう。

●流れを増やせないか、考えてみよう

　増客設計図が一度できたとしても、「顧客の物語」の流れを増やすためには増客設計図に何を「書き足す」必要があるか、さらに考えてみましょう。

　例えば、お店に来るという場合、「認知」の媒体は1つだけではないはずです

　・店の前を通りかかって

　・友達に勧められて

　・HPや飲食店検索サイトで知って

と、「複数の流れ」があったほうが「認知」の確率が高まります。「顧客の物語」がその分増えていくわけです。

　そのためには、

　・店の前を通りかかって　→　店の前の看板を充実させる

　・友達に勧められて　→　店舗カードをお客様に渡して、友達に紹介しやすくする

　・HPで知って　→　HPの検索エンジンでの順位を上げる

などの「打ち手」が必要になっていきます。

　「認知」関門が課題であれば、認知の「流れ」を増やすことの投資対効果は高いはずです。投資対効果を考えながら、どのような「流れ」を強化するか、考えていきましょう。

　旅館のクチコミの例で言えば（図4-6、245ページ）、「クチコミ」の「認知」の媒体は複数あります。しかし、肝心の「売り場」である「朝市」を認知させる媒体が「客室係からの口頭説明」の1通りしかありません。例えば客室のテーブルの上に「朝市」についてのチラシを置いておくなどの「複数の流れ」を作っておくと、朝市を忘れるという「モレ」が減らせるでしょう。

さらに、朝市でなくとも、客室係からも買えるようにしておけば、新たな「流れ」ができます。朝市に行けなかった方でも買えるようになるわけです。さらにさらに、そのクチコを通販で買えるようにすれば、また新たな「流れ」ができます。

- 夕食で試食→朝市→朝市で購買
- 夕食で試食→その場で接客係から購買
- 夕食で試食→家に帰ってから通販で購買
- 朝市→店員が説明→朝市で購買

　このような「流れ」が増えることで、「顧客の物語」がどんどん増えていき、お客様が買う確率が高まっていくわけです。
　「売り物」の流れ、すなわちプロダクトフローも強化できないか、考えてみましょう。クチコの事例で言えば、「あげる商品」が「試食用の小さいクチコ」であり、「売りたい商品」は「数千円のクチコ」でした。「数千円のクチコ」を「売れる商品」と捉え直した上で、さらに高額な「売りたい商品」を作ることはできないでしょうか？　クチコが４千円程度だとすると、「売りたい商品」は１万円くらいの商品が良さそうです。
　例えば、「クチコと他の珍味」をセットにした「珍味セット」や「地元の海産物セット」などが容易に考えつきます。若干割引した上でセットにすれば、より高額なギフト需要に応えられるかもしれません。また、「クチコとそれに合う日本海の地酒のセット」なども良さそうです。一升瓶だと持って帰りにくくなりますので一升瓶のセットの場合は配送オプションをつけたほうが良さそうですし、持ち帰り用には数百mlの小さなボトル２本などの

詰め合わせにすれば良いですよね。

仮に「セット商品」にできなくとも、朝市の売り場などで「クチコに合う日本酒は○○○です。×××にあるお酒売り場でどうぞ」という案内はできるでしょう。そのやり方であれば新商品を準備する必要は全くありません。そこでさらに「クチコと日本酒の試飲会」などをすれば、楽しい体験型のイベントとしても成立しそうです。

	あげる商品	売れる商品	売りたい商品
現在	クチコの試食 0円		おみやげ用のクチコ 4000円程度
改善案	クチコの試食 0円	おみやげ用のクチコ 4000円程度	クチコ+日本酒セット 1万円程度

このように、増客設計図が一度できたとしても、それをベースに「流れを加える」ことで「どんどん打ち手が強化・進化していく」のです。「顧客の物語」も増えていきます。

そしてそれらの打ち手の効果を計測し、効果があるものは継続し、効果が薄いものは改善する、という改善サイクルを回していけば、効果がさらに高まっていくのです。

ここで、「顧客セグメントが違えばマインドフローが変わるのではないか？」という疑問をお持ちになられた方、素晴らしいです。はい、その通りです。ここで「複数の物語」と言っているのは、あくまでも「同じ顧客セグメントにおける」複数の物語です。全く同じ人だったとしても、「認知の媒体」「買う場所」は複数あるでしょう。同じ人が同じ本を買うとしても、「本屋でたま

たま見かけて買う」「ネット書店でたまたま知って買う」という両方があり得ます。マーケティングは買う確率を高めるための「確率論」です。その確率を高めるために複数の流れを用意しておこう、ということです。

●ムダな投資、ムダではない投資

ここで、「流れが複数になると、ムダが増えるのではないか？ 最初に、ムダはよくないと言っていたのではないか？」と思われた方、素晴らしいです。はい、その通りです。

クチコの例で言えば、「クチコが何か」をわかっている人に、もう一度伝える意味があるかというと、それほどないかもしれません。

実は「モレ」と「ムダ」は二律背反の関係で、モレをふさごうとするとムダが増える可能性があります。

ポイントは、「投資対効果」です。

まず、その関門が「モレ」が多い課題関門であれば、その関門に対して「複数の流れ」を作ることは通常は投資対効果が高い打ち手になります。

また、1つ1つの打ち手の「コスト」が低ければ、「ムダ」が生じても問題はそれほどありません。例えば、多くのお客様が「認知」しているのにテレビCMに莫大な投資をするのはまずいです。しかし、クチコの例で言えば客室にＡ４の紙１枚の朝市のチラシを置くコストや、朝市のPOPのコストは限定的です。お金と時間がかからないのであれば、複数の登場人物がお客様に対して同じ説明を繰り返すことは、モレが減り、かつ一貫性があり、強調効果を持つ良い打ち手となり得ます。

何がムダで何がムダでないかは「投資対効果」次第です。増客設計図を描き、数値化することで、ムダな打ち手がわかります。その分のお金・時間を減らしながら手を打つべきところに手を打っていくことで、同じお金と時間をかけても、成果が上がるわけです。

(4) あとは実行あるのみ!

●打ち手を打っていこう! 数値化して効果測定しよう!
　本書もいよいよ終わりに近づいてまいりました。
　増客設計図ができたら、もうあとは実行あるのみです。
　モレポイントとなっている「急所」を探し、優先的に手を打っていきましょう。
　実行する際の優先順位は、

　①カンタンにできて、効果の高い打ち手
　②難しいけれど、効果の高い打ち手
　③カンタンにできて、効果の低い打ち手
　④難しくて、効果の低い打ち手

という順番が一般的でしょう。「①カンタンにできて、効果の高い打ち手」は問題なくやるでしょうし、「④難しくて、効果の低い打ち手」はやるべきではないでしょう。
　問題は「②難しいけれど、効果の高い打ち手」です。
　特に、「時間がかかるけれども効果の高い打ち手」は、手をつけにくい・面倒などの理由で先伸ばしにして、「③カンタンにで

きて、効果の低い打ち手」を優先する誘惑に駆られてしまいます。が、そのような「長期的に必要な打ち手」こそ、早く着手しなければ、いつまでたってもできません。

その意味では、「②難しいけれど、効果の高い打ち手」を優先順位のトップにしてもよいかもしれません。ぜひ優先的にやっていきましょう。

打ち手を実行したら、マインドフローの「数値化」をして、効果測定をしましょう。何らかの変化が現れているはずです。

「この打ち手を打ったら、この流れがこう増えて、こう変わって……」という「流れの変化」が「増客設計図」の上で見えてくるようになります。こうなると、楽しくなってきます。

「マインドフローのマインドフロー」で精緻に、緻密に打ち手を打っていくたびに、成果が少しずつ出るのが実感できるでしょう。

●マーケティングは大変だからこそ、シンプルなツールに集中しよう

マーケティング戦略を考えて実行し、効果測定をしてまた改善……と「言う」のはカンタンでも、実際に「やる」のは大変です。

大変だからこそ、シンプルな「道具」を使う必要があります。難しいことをやろうとしているときに、複雑な道具を使いこなそうとするとパニックになります。

道具を増やして良いことがあるとはあまり思えません。複雑になるだけです（BASiCS、マインドフロー、４Ｐという本書で紹介している道具だけでも十分に複雑と言えば複雑ですが）。使えない道具がたくさんあるよりも、「本当に切れる１丁のハサミ」

第4章 完成の章

があればよいのです。

私も、私自身の戦略・打ち手を考えるときは、本書で紹介してきたBASiCS、マインドフロー、４Ｐだけで考えています。

本当に、この３つ「だけ」です。その背後に色々な考え方・ロジックはありますが、主要なツールはそれ「だけ」です。

Ａ３の紙で左側にBASiCSを、右側にマインドフローをとり、その中間に「打ち手」としての「４Ｐ」を埋めていく、というスタイルで考えると自分のすべきことがわかりやすく見えてきます。

図4-8　戦略BASiCS×マインドフロー

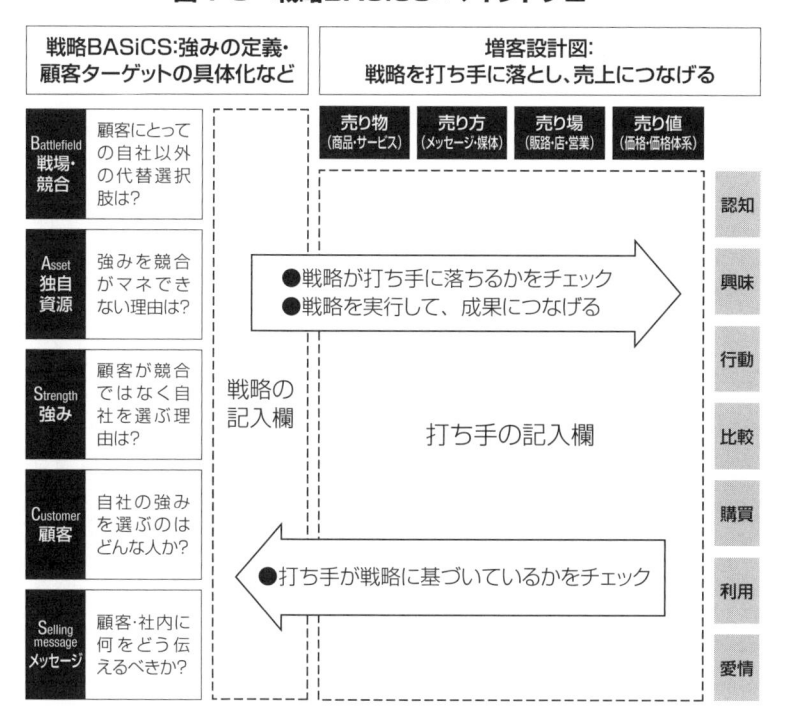

戦略BASiCS:強みの定義・顧客ターゲットの具体化など	増客設計図:戦略を打ち手に落とし、売上につなげる

BASiCS	内容		4P	マインドフロー
Battlefield 戦場・競合	顧客にとっての自社以外の代替選択肢は？		売り物（商品・サービス）／売り方（メッセージ・媒体）／売り場（販路・店・営業）／売り値（価格・価格体系）	認知
Asset 独自資源	強みを競合がマネできない理由は？	戦略の記入欄	●戦略が打ち手に落ちるかをチェック ●戦略を実行して、成果につなげる	興味／行動
Strength 強み	顧客が競合ではなく自社を選ぶ理由は？		打ち手の記入欄	比較
Customer 顧客	自社の強みを選ぶのはどんな人か？		●打ち手が戦略に基づいているかをチェック	購買／利用
Selling message メッセージ	顧客・社内に何をどう伝えるべきか？			愛情

257

このチャートのメリットは、戦略・戦術の全て、文字通り「全て」がこの1枚に表されることです。スペースの問題で1つ1つの打ち手の全てを書けないでしょうが、戦略・戦術の全体像が1枚に表され、まさに「経営の設計図」となるのです。

　左の「戦略」と右の「打ち手」を見比べながら、全体の一貫性を確認し、「モレ」をふさいでいくわけです。このチャートの効果は、私自身が大いに実感しているところです。

　戦略BASiCS、マインドフロー、4Pがあれば大抵の用は足ります。この3つを使いこなせれば、それで一流マーケターになれるのではないか、と個人的には考えています。

　最初に考えるときには、戦略BASiCSと増客設計図の要素をそれぞれにじっくりと1つ1つ「埋める」ことが必要です。それにはかなりの時間（数十〜数百時間）がかかるでしょう。考える際に一番キツいのが、ゼロから1を作るときです。「1」ができてしまえば、そこから改善していくのは（時間はかかるにしても）精神的にはラクな作業です。

　慣れてくると、この表の上で何をどこに書き込むか、というのは意識しないでもできるようになっていきます。それが戦略の考え方とその戦術への落とし込み方を会得した、ということです。

　ちなみに、私はこの図を書いたA3の紙を数年間分保存しています。数年間の戦略・戦術の推移と進捗状況が一目でわかりますので大変便利ですし、「進歩してないな」とA3の紙の束が自分を叱咤激励もしてくれます。

●戦略の「テストマーケティング」としての増客設計図
　マーケティングを実行する際には、戦略をある程度は詰めてか

ら、戦術（打ち手）へと落とし込んでいきます。そうしなければ戦略と戦術がバラバラになるからです。

　しかし、戦略がどうしても確定できない、あるいは確信が持てない、という場合にはまずはマインドフロー・増客設計図を作ってテスト的に実行しながら戦略を練っていく、という手もあります。

　というのは、マインドフロー・増客設計図は、それ単体でも使えるからです。マインドフローの各要素が戦略の重要チェックポイントにもなっていますから（例えば「比較」関門は「強み」の有無のチェックになります）、マインドフロー・増客設計図ができていれば、その時点で戦略もある程度は検証されている、ということになります。

　そしてマインドフロー・増客設計図で考えた打ち手を実行しながら、戦略に反映させていくのです。「認知」「興味」の段階でどのような「メッセージ」が顧客に刺さるのか、「比較」の段階でどのような「強み」を顧客が評価するのか、「愛情」関門を越えてファンになったのはどのような「顧客」なのか、という実戦からの学びを戦略に反映させていくわけです。これにより、実際に効果があった打ち手に基づいた実戦的な戦略が作られていきます。

　増客設計図は、戦略を考える際の良い「補完ツール」にもなるのです。

　マインドフローは短期的な売上向上施策としては最強（と私が考えている）ツールですので、とりあえずは売上を上げて戦略を練り込んでいくための時間を稼ぐ、ということもできます。

●最後に……お客様の「水路」を作ろう！

　増客設計図は、喩えて言えば「川の流れ」です。

　お客様は最初はまだ自社の顧客ではない「潜在顧客」です。潜在顧客は多くいらっしゃり、「大河」として遠くを流れています。その「大河」から、自社のほうに水を引っ張ってくるわけです。

　そのためには、「水路」を作る必要があります。そして「水路」に「障害物」があると、水が自社にまで届きませんから、障害物を除去して、水が流れやすくなるようにする必要があります。それがマインドフローの「モレ」を減らす、ということです。

　そして、「水路」が多くあるほど、多くの水が流れてきます。それが複数の「顧客の物語」です。

　水は低いほうへと自然に流れて行きます。経営とは、いかに自社のほうへ自然に水が流れて行くようにするかという競合との競争とすら言えます。

　どうすればお客様に自然に競合ではなく自社のほうに無理なく流れていただくか、それが「魅力的な売り物」であり、「わかりやすい売り方」であり、「選びやすく買いやすい売り場」であり、「適切な価格」、という４Ｐの打ち手です。

　あなたの会社・商品・サービスに絶え間なく水が流れてくるような「増客設計図」ができることをお祈りして、本書を終えたいと思います。

　ありがとうございました。ご武運をお祈りしております！

> コラム

お客様に選ばれるということ

　マインドフローは、お客様の「購買意思決定プロセス」を忠実に追っていくものです。

　本書では「自社商品・サービス」のことを中心に考えていますが、「購買意思決定プロセス」は、「選択肢を減らしていく決断の積み重ね」とも言えます。

　まずはBtoC（個人顧客対象のビジネス）について考えてみましょう。あなたが今日の昼食・夕食に食べにいくお店について考えてください。「知っている店」は、多くあるでしょう。10や20はくだらないですよね？　これが「認知関門を通過した集合」です。次に、「どこに行こうかな？」とアタマの中に浮かぶ店はいくつくらいありますか？　恐らく3～7店ではありませんか？ 32店の中から比較検討する、ということはないでしょう。これが「比較関門にいる集合」です。

　そして、最後に「この店に行こう」という決定がされます。それが「購買関門を通過した集合」であり、最終的に選ばれた1店、です。

　このように、お客様のアタマの中では、どんどん「選択肢を減らす」という決断がされているのです。

　まずは「比較関門にいる集合」に入らなければ、競合に勝つ負ける以前に検討すらしていただけませんから、そこに入る必要がありますね。

　BtoB（法人顧客対象のビジネス）でも同じです。アイミツ（相見積もり）に呼ばれる会社が「比較関門にいる集合」ですが、アイミツに呼ばれる会社は通常は2～7社でしょう。25社から見積もりを取るということは通常しないものです（その手間だけで気が遠くなります）。ということは、アイミツに呼ばれる前に、

何らかの基準でスクリーニングされている、ということになります。これは、ぜひ自社の購買部門に尋ねてみてください。どのような基準でどのような会社から調達しているのか、しっかりした論理があるはずです。

一般論かつ経験則として、BtoCでもBtoBでも、「認知関門を通過した集合」（＝お客様が知っている商品・サービス）は10以上、「行動関門を通過して比較関門にいる集合」（＝お客様の比較検討の俎上に上った商品・サービス）は2〜4、「最終的に選ばれた集合」（＝お客様が買った商品・サービス）は1〜2、というところでしょう。

お客様に選ばれる（＝買っていただける）ということは、お客様のアタマの中で起きている熾烈な「生存競争」に勝ち抜く、ということなのです。

次にアナタが飲み屋（でもお菓子でも何でも）をお選びになるとき、ぜひアナタのアタマの中における「生存競争」を意識されてみてください。アナタが何気なく行っている意思決定が、飲み屋（でも菓子メーカーでも）にとっては大変に重要な意思決定なのです。

あとがき

　ここまでお読みいただきまして、ありがとうございました！

　マインドフローを初めて公開したのは、本書の兄貴分である『図解　実戦マーケティング戦略』（日本能率協会マネジメントセンター）においてです。同書は2005年4月の発売以来、未だに版を重ね続けるロングセラーとなり、アマゾンの「オールタイムベスト　ビジネス書100」のマーケティング・セールス分野で唯一の日本人著者として選ばれた本にもなりました。

　それから10年がたち、自分自身での実戦を重ねて理論を磨き、実戦された方の事例も増えてきて、マインドフローの効果の強力さを実感しています。

　本書のタイトルは、「顧客倍増」と私の本にしてはかなり「煽っている」タイトルですが、これはあながち大げさというわけでもなく、マインドフローに基づいて手を打ったら「お客様がさばききれなくなった」というような声を実際にいただいています。

　短期的に成果（特に売上や客数増加）を出す、という意味ではマインドフローが一番役立つツールだと思います（長期的には、戦略を考えるための戦略BASiCSが役立ちます）。というのも、「知って、買って、使って、ファンになる」という顧客の購買行動において、「モレが発生しているところに重点的に打ち手を打つ」という至極「当たり前」の発想に基づいているからです。

　戦略を考えるツールである戦略BASiCSが「買う理由（＝強み）を作る」ことを重視しているのに対し、マインドフローはどちら

かと言えば「買わない理由を除去する」ことに重きを置いています。「買う理由」を作り、「買わない理由を除去」できれば、成果が出るのは当たり前なのです。

マインドフロー自体は、「知って、買って、使って、ファンになる」という至極当たり前の考え方です。しかし、マインドフローの本当の価値は、その「使い方が体系化されている」ことにあるのです。それが本書の数々の理論であり、事例です。

フレームワークを紹介する本は、いくらでもあります。しかし、そのフレームワークを「使って、成果を出すための方法」に言及している本は私が知る限り、希少です。

フレームワークは、使って初めて成果を出します。そのため、本書では理論説明に加えて「使い方」を重視した設計にしました。ぜひお使いいただき、成果をお感じいただければそれが本書の「利用」関門を通過した、ということになります。

なお、本書の「愛情」関門の打ち手としては、週2回電子メールで届く「売れたま！」という無料メルマガをご提供しています。本書で紹介したマインドフローや戦略BASiCSの事例などが無料で届きます。http://sandt.co.jp/uretama.htm から無料でご登録いただけますので、よろしければお読みいただければと思います。

また、本書の理解をさらに深めていただきたく助けとなるよう、私の他の著書でお勧めのものを抜粋しておきます。

『新人OL、つぶれかけの会社をまかされる』（青春出版社）は、マインドフローの解説はありませんが、マーケティングの入門書・最初の1冊としてお勧めです。イタリアンレストランの企画

あとがき

に主人公が奮闘する小説形式です。

『図解　実戦マーケティング戦略』（日本能率協会マネジメントセンター）は、マインドフローを初めて世に問うた本です。本書で簡潔に紹介している戦略BASiCSも詳細に載っていますので、お勧めです。

『新人OL、社長となって会社を立て直す』（青春出版社）は、先ほどの「新人OL、つぶれかけの〜」の続編で、主人公が社長となってライバルとの戦いに奮闘します。マインドフローや戦略BASiCSを具体的にどう使うか、という意味で参考になるかと思います。

これらの書籍と、先ほどの無料メルマガ「売れたま！」をお読みいただければ、マインドフローや戦略BASiCSの発想方法が段々カラダに染みこんでいくかと思います。

最後に、本書は様々な方のご協力をいただき、出版されましたので、ここでお礼を述べたいと思います。

まず、本書をここまでお読みいただいたアナタ。本当にありがとうございます。まさに本書の「利用関門」を越えていただき、ありがとうございます。ぜひご活用いただき、成果を出していただければそれが私の最上の喜びです。

そして本書の編集者である日本能率協会マネジメントセンターの根本浩美氏には、大変ありがたい出版の機会をいただきました。『図解　実戦マーケティング戦略』以来、もう10年以上、5冊目のおつきあいになります。ワガママな私のやり方に様々な配慮をいただき、本当に感謝しております。

また、名前は明かせませんが、私のお客様の方々にはいつも大

変多くの気づきをいただいております。本を出すことには責任が伴いますので、大変な「怖さ」があります。お客様があげられた様々な実績が、本書を出版する勇気と自信につながりました。さらに私の本の読者様、またメルマガ「売れたま！」の読者様にもいつも勇気づけられます。いただいたコメントや成功報告が何よりの励みになります。

　本書の内容に具体的なアドバイスをいただいた方々にも感謝申し上げます。自ら戦略BASiCS・マインドフローを実戦し成果をあげている柴山拓郎氏には、多くのアドバイスをいただきました。本書のいくつかのチャートは、氏が考えたものが原型となっています。同じく戦略BASiCS・マインドフローの良き実戦者である佐藤喜一氏には貴重な改良点をいただきました。氏のアドバイスで加えたチャートもあります。本書に限らず、いつもアドバイスをいただき、本当にありがとうございます。また、自らもマーケターである久保太一郎氏、瀧和彦氏、安永佳子氏にもありがたいアドバイスをいただきました。

　本書では様々な事例を取り上げていますが、私のお客様の事例は守秘義務等で取り上げることができません。その事例を公開してくださる情報源の方々にも感謝したいと思います。特に日経ＭＪは私の愛読紙として、そして貴重な情報源として大変ありがたい存在です。大変役立つ新聞ですので、ご購読をお勧めします。

　全ての方のお名前をあげることができないのが残念でなりませんが、本書は私が関わらせていただいた全ての方々の「集合知」だと思っています。

あとがき

　最後に、私の家族。まずは最愛の妻・恵子と長女・好美。本書出版時点で好美はまだ1才で、私が仕事にかまけている間に仕事と子育てを両立させている妻には本当にアタマが下がります。また、好美の天使のような笑顔、そしてその存在自体が私のエネルギー源となっています。また、子育ての機会を授かって、両親に対する尊敬・感謝の念がさらに強くなりました。私をここまで育てていただきまして、本当にありがとうございました。なかなか面と向かって感謝しにくいので、ここで両親に感謝いたします。本書を恵子と好美、そして両親に捧げます。

佐藤義典

佐藤義典 (さとう よしのり)

マーケティングコンサルティング会社、ストラテジー&タクティクス社代表取締役社長。米国ペンシルベニア大ウォートン校MBA（2008FT紙ランキング世界1位、経営戦略、マーケティング専攻）。中小企業診断士。外資系メーカーのブランド責任者、外資系エージェンシーの営業ヘッド、コンサルティングヘッドを歴任。
実戦的で効果の高いコンサルティングには定評がある。豊富な現場経験と理論体系に基づく企業研修（経営戦略、マーケティング、企画力など）はわかりやすく実戦的と好評でリピート率が極めて高い。3万1千人が購読する人気マーケティングメルマガ「売れたま！」(www.sandt.co.jp/uretama.htm)の発行者としても活躍中。

著書●
『図解　実戦マーケティング戦略』
『マーケティング戦略実行チェック99』
『実戦マーケティング思考』
『実戦BtoBマーケティング』
(以上、日本能率協会マネジメントセンター)
『白いネコは何をくれた？』(フォレスト出版)
『売れる数字』(朝日新聞出版)
『経営戦略立案シナリオ』(かんき出版)
『新人OL、つぶれかけの会社をまかされる』(青春出版社)
『経営のすべてを顧客視点で貫く《社長の最強武器》戦略BASiCS』(日本経営合理化協会出版局)
などがある。

研修・コンサルティングの詳細・ご依頼は
ストラテジー&タクティクス株式会社
www.sandt.co.jp
著者連絡先：info@sandt.co.jp まで

実戦　顧客倍増マーケティング戦略

2015年4月20日　初版第1刷発行

著　者───佐藤義典
　　　　　©2015　Yoshinori Sato
発行者───長谷川　隆
発行所───日本能率協会マネジメントセンター

〒105-8520　東京都港区東新橋1-9-2　汐留住友ビル24階
TEL　03（6253）8014（編集）／03（6253）8012（販売）
FAX　03（3572）3503（編集）／03（3572）3515（販売）
http://www.jmam.co.jp/

装　丁───冨澤　崇（EBranch）
本文DTP───木内　豊
印刷・製本───三松堂株式会社

本書の内容の一部または全部を無断で複写複製（コピー）することは、法律で認められた場合を除き、著作者および出版者の権利の侵害となりますので、あらかじめ小社あて許諾を求めてください。

ISBN 978-4-8207-1924-3 C2034
落丁・乱丁はおとりかえします。
PRINTED IN JAPAN

JMAMの本

マンガでやさしくわかるマーケティング

安田貴志［著］　重松延寿［作画］

四六判248ページ

実家のまんじゅう屋を立て直すため、なぞの2人組ロジーとエモーの教えを受け、マーケティングを学び奮闘する主人公まりもの成長の姿を通して、マーケティングの基本知識がみるみる身につきます。

マンガでやさしくわかるコトラー

安部徹也［著］　松尾陽子［原作］　ミイダチエ［作画］

四六判232ページ

大手企業と競合する電動バイクのベンチャー企業社員の早乙女レイナは、謎の老人と出会います。彼を「コトラー先生」と呼び、マーケティングの手ほどきを受ける過程で、コトラー理論を学んでいきます。

マンガでやさしくわかる法人営業

高城幸司［著］　水島みき［作画］

四六判232ページ

食品メーカーに勤める小平優子が会社の大幅な営業体制の見直しで出向に。そこで売ることになったのが、アニメキャラクター「きのこ姫」。意外な商品の売り出しに奔走する中で法人営業の基本が学べます。

マンガでやさしくわかる事業戦略

鬼頭孝幸［編著］　山邉圭介［著］　円茂竹縄［作画］

A5判280ページ

実家の和菓子メーカー「まついや」で働くことになった和美。古巣の大手食品メーカーで働く元辣腕コンサルタントの先輩・竹田の助けを借りて事業戦略を立て、「まついや」を変えていく姿を描きます。

日本能率協会マネジメントセンター

JMAMの本

幸せの経営学
よい未来をつくる理論と実戦

酒井 穣［著］

A5変形240ページ

「誰かを幸せにする」「社会を良くする」「より良い未来をつくる」ために、自らベンチャー企業を経営する著者が、経営学の理論と実践のヒントを紹介します。"活きた学問"としての経営学がわかります。

外資系コンサルが実践する資料作成の基本
パワーポイント、ワード、エクセルを使い分けて「伝える」→「動かす」王道70

吉澤準特［著］

A5判280ページ

資料作成のプロでもある外資系コンサルタントが日々実践している、無駄なく、完成度の高い資料を作成するための王道のスキル、テクニックを網羅的に70項目にまとめました。

世界No.1コンサルティングファームが教える成長のルール
ハイパフォーマー集団が大切にする3つの仕事力

作佐部孝哉［著］

四六判216ページ

人材輩出企業と呼ばれる世界最大級コンサルファーム「アクセンチュア」がこれまで培ってきた人材育成手法をベースに、自ら動き出すための仕事力の身につけ方やパフォーマンスの向上策を明かします。

グローバル競争に勝つための収益改善の教科書

前田久喜［著］

A5判264ページ

「儲かる事業資源の使い方」「売れる理由を知る競争力分析」「収益改善案の作成」などを計画的に進めることで収益性の高い経営が実現できることを、事例をもとに解説します。管理会計の実務も学べます。

日本能率協会マネジメントセンター

JMAMの本

使える戦略は数値化できる
図解　実戦マーケティング戦略

佐藤義典［著］

四六判272ページ

数値に基づいてマーケティング戦略を立案するツールが【戦略ピラミッド】。数値化することで、マーケティング目標が具体的になる。「理論」とその「実戦」で使う方法が事例や図解でみるみるわかります。

マーケティング戦略実行チェック99
理論を実行可能にするチェックポイント

佐藤義典［著］

Ａ５判248ページ

戦略を数値化し、戦術を確認、そして戦略と戦術に一貫性があるかを99のチェックポイントを確認することで、独自のマーケティング戦略が誰にでも策定できる、これまでにないマーケティングの実戦書。

実戦マーケティング思考
「論理思考&イメージ発想」を鍛える7つのツール

佐藤義典［著］

四六判256ページ

マーケティング発想を豊かにするためには「論理思考」と「イメージ発想」を融合させることがポイント。本書では、モホロジー（形態学）を応用した発想法など、ユニークな7つのツールを紹介します。

実戦BtoBマーケティング
お客様に頼られる存在になるための戦略実行

佐藤義典［著］

四六判272ページ

本書の特長は、モノやサービスをなぜか売ってしまう人たちが無意識にやっている「お客様から選ばれる方法」を「普遍化」して誰でもすぐにできるようになること。著者の顧客企業で実証済みの手法です。

日本能率協会マネジメントセンター